FOR2

FOR pleasure　FOR life

FOR2 64

穿別人的鞋：
同理心指南，消弭分裂，懂得聆聽，成就更有包容力的自己

他者の靴を履く アナーキック・エンパシーのすすめ

作者：ブレイディみかこ（布雷迪 美佳子 / Brady Mikako）
譯者：邵嗣芬
責任編輯：蔡宜庭
封面設計：簡廷昇
內頁排版：方皓承

出版：英屬蓋曼群島商網路與書股份有限公司臺灣分公司
發行：大塊文化出版股份有限公司
105022 台北市松山區南京東路四段 25 號 11 樓
www.locuspublishing.com
locus@locuspublishing.com
讀者服務專線：0800-006-689
電話：02-87123898
傳真：02-87123897
郵政劃撥帳號：18955675
戶名：大塊文化出版股份有限公司
法律顧問：董安丹律師、顧慕堯律師

總經銷：大和書報圖書股份有限公司
地址：新北市新莊區五工五路 2 號
TEL：02-89902588 FAX：02-22901658

初版一刷：2023 年 8 月
定價：420 元
ISBN：978-626-7063-41-5

他者の靴を履く
アナーキック・エンパシーのすすめ

穿別人的鞋

同理心指南，消弭分裂，懂得聆聽，
成就更有包容力的自己

作者
ブレイディ みかこ
（布雷迪 美佳子
Brady Mikako）

譯者
邵嗣芬

第4章 她的字典裡不存在同理心

第5章 不受侷限、也不鬆手

第6章 那是深？還是淺？

第7章 找麻煩、產生連結

第8章 快的同情心、慢的同理心

第11章　在腳下鋪條綠色的毯子

後記

前言

二〇一九年我出了一本書，書名是《我是黃，也是白，還帶著一點藍》（悅知出版）。包括我自己在內，大家都公認我不是個暢銷的寫手，不過這本書卻意外地引起了許多人的興趣。

光是這樣已經值得驚訝了，不過這本書還有令我更意外的事。書中有一章，僅僅出現四頁的一個詞彙，竟然長出腳來，自顧自開闢了一條新路，引發許多人開始討論。

那個詞就是「empathy」。

我接受採訪也好，上廣播或電視節目也好，大家一定會問到這個詞。看書評或是推特推文也是，幾乎所有人都會提到「empathy」[1]。

身為作者的我，還有相關人士我想也一樣，在完成這本書時完全沒預料到事情會如此發展。因為大家似乎對這個詞超乎尋常地留下深刻印象，結果我們或多或少也開始談到「這本書的主題是empathy」，但在寫書的時候，至少我這個作者並沒有這樣想。

為什麼這個在整本三百零四頁中，只有五頁提及的詞，會具有如此特殊的衝擊力，始終是個謎，其實從以前就有許多關於「empathy」的書籍和報導進到日本，不過往往被譯成日文的「共感」（同情、共鳴），而我個人推測，或許有很多日本人對此有一份說不上的、哪裡不對勁的感覺。

也就是說，可能從以前就有很多人覺得應該有一種對他人的理解有別於「共感」，卻苦無精準的詞彙可表達，而我的書中，用了「エンパシー」（empathy）這個片假名外來語表現，搭配「穿別人的鞋」這種極為單純的解說，所以讓許多人一下子豁然開朗吧。

我的推測正確也好，錯誤也罷，總之，這本書不久後甚至被稱為「empathy 之書」。但是，如果它單純被連結到「empathy 萬能」「有了 empathy，天下無難事」這樣的想法，身為作者，非我本意。因為在美國和歐洲，對 empathy 有各式各樣的爭議，也有言論主張它可能具備危險性或毒性。正如許多事物，empathy 也有對立含義、具備複數面向，很難一言以蔽之。

因此，我開始覺得，我這個作者之前只花了五頁、僅寫下這個詞的「重點」部分，事到如今，坦誠傳達在歐美有這些爭議的事實，並且更深入探究 empathy，把自己的思考整理成文章，應該責無旁貸。

本書就是在這種心境下撰寫的，所以，也可說這是《我是黃，也是白，還帶著一點藍》的補充教材。

---

1 中文版《我是黃，也是白，還帶著一點藍》譯為「同理心」。

此外，在某種意義層面上，或許也可以說，是當初那本書的作者，跳脫「媽媽」這個角色，以「我」這個個人（有時是以一個女性角色），展開一段思索「穿別人的鞋」（empathy）之旅，是一本「大人的續集」。

而當我以「我」開始思考事物時，必定會悄然現身的無政府主義思想，不知不覺擺出一副理所當然的臉，開始走在我身邊，實現了跟empathy的邂逅。本書也可以說是這樣一段旅程的紀錄。「由我來度過我自己的人生」的無政府主義，和「穿別人的鞋」的empathy，它們之間有何關聯，或許有人會覺得很不可思議。不過，這兩者彷彿老友故知，自然地相遇、調和、融為一體，在我面前展現了這樣的風景，是我在這段旅程中最大的收穫。

期盼這趟思考之旅中我獲得的種種領悟，也能夠帶給你一些發現。

首刊於《文學界》二〇二〇年四月號—二〇二一年四月號

第 1 章

跳脱、拓展

Empathy，翻譯成「共感」正確嗎？

事情發生在我兒子剛進入英國布萊登．霍夫市公立初中就讀的時候。

英國初中有一門課程叫「公民教育」。在我兒子的學校，它歸於一門名為「生活技能」的課程中，學習議會政治的基礎知識、自由的概念、法律的本質、司法制度和以市民為中心的政治社會運動等。據說這一科考試中，出現了「什麼是 empathy？」的考題。

我兒子的答案是「自己主動嘗試穿上別人的鞋」。「To put yourself in someone's shoes」（穿穿看別人的鞋）是英文的慣用表現。這也可能不是我兒子想出來的，說不定是老師在課堂上說明時用了這個表現。

聽到「empathy」一詞，我會想到「sympathy」。正確說來，應該是「empathy 跟 sympathy 的不同」。

像我這樣成人之後才在英國上語言學校、考英語檢定考的人應該都很清楚，「empathy 跟 sympathy 意思有何不同」是課堂上必教的內容之一。empathy 和 sympathy，聽起來也很像，英國人當中能清楚說明意思不同之處的人也很少（應該說，大家講的都有微妙的差異。）所以，這是英語檢定考中有時會出現的「陷阱題」之一。

話雖如此，我上語言學校已經是二十多年前的事，所以我去查英英字典，確認一下早已忘記的這兩個詞意思上有什麼不同。

empathy：理解他人感情或經驗等之能力。

sympathy：

1. 覺得別人可憐的感情、對別人的問題表示理解、關注。
2. 對某種想法、理念、組織等表示支持或同意的行為。
3. 抱持相同意見或關注的人彼此之間的友情或理解[2]。

英文翻譯成日文時，文法上詞序相反，empathy 意思的敘述用英文讀起來，開頭的詞彙是「the ability」（能力）。

相對地，sympathy 的意思，英文開頭則是「the feeling」（情感）、「showing」（表現）、「the act」（行為）、「friendship」（友情）、「understanding」（理解）這些名詞。也就是說，empathy 是能力，所以是後天習得的東西；sympathy 則是情感、行為、友情、理解，這些偏向人自然發出、或是從內部湧上的東西。

再來，看看 empathy 和 sympathy 對象的定義，兩者的不同也相當明確。empathy 是針對「他人」，亦即不帶任何限制或條件。不過，sympathy 則有限制條件，像是可憐的人、抱持

2 摘自 Oxford Learner's Dictionaries 網站 oxfordlearnersdictionaries.com。

問題的人、能支持、同意其想法、理念的人、有相同意見或關注事物的人等。也就是，說sympathy是對覺得可憐的人或有共鳴的對象產生一些情感、理解或發展出的行為；而empathy則是，對於並不覺得可憐、或是未必有同樣意見或想法的人，去想像若站在對方立場，自己會如何，是一種知性活動。

兒子告訴我，學校教他們「現在，恐怖份子、退出歐盟以及越趨兩極化的社會分化造成人與人之間的嚴重分裂，empathy非常重要。這個世界不可或缺的是empathy。」

到這裡是我寫在《我是黃，也是白，還帶著一點藍》的內容。

前面也提到，這本書出版時，獲得意外的反響。許多讀了這本書的人，開始談論「empathy」一詞。

坦白說，我很驚訝。在英、美等英語母語的國家，「empathy」已經是多年前就開始衆人聚焦的詞彙，例如前總統歐巴馬等就很喜歡用這個詞，所以散見於形形色色的媒體，已經徹底滲透，甚至有人覺得「聽膩了」（所以在學校也會教。）

於是我想，說不定這表示在日本「共感」一詞已經廣為使用，但它的起源「empathy」這個英文單字不太為人知曉。只不過，其實這裡又存在一個相當棘手的問題，empathy被譯成「共感」這個日文，而sympathy也能夠譯成「共感」。sympathy其他的譯詞還有「同情」、「體貼」、「支持」；而empathy則有時被譯為「情感移入」、「自我移入」。

變成日文時，「empathy」也好，「sympathy」也罷，同樣會給人一種印象，彷彿是情感面、情緒面，僅僅是一種「心情」的問題，也就是說，聽起來並不像「後天習得的能力」，比較像是「內心湧現的東西」，如此一來，empathy 一詞的翻譯，就跟英英辭典相距甚遠了。特別是「ability」（能力）這個單字完全沒有反映在 empathy 的譯詞中，相當不可思議（在此同時，為何在日本會演變至此，這一點也相當有趣。）

不管為了正確理解其意義、或是為了讀懂談 empathy 的書籍日譯版，繼續把「共感」這個表現當作 empathy 一詞的日文固定譯法，我認為會有問題。近年在日文社群網站等出也有「共感很危險」、「已經受夠共感了」的論調，只要 empathy 或 sympathy 日文都譯成「共感」，就無法區分指的是哪一個。

Empathy 的種類及歷史

話雖如此，並非只有在日本 empathy 的意思含混不清。其實即使在英語圈各國，empathy 的定義仍舊因人而異，甚至有人說有幾個人談論，就有幾種定義。

不過，empathy 有幾個種類，這已有定論，大致如下：

① 認知性同理（cognitive empathy）

日文譯為「認知性」empathy。刊登於美國麻薩諸塞州萊斯利大學（Lesley University）官網一篇名為〈情感和認知性同理心理學〉（The Psychology of Emotional and Cognitive Empathy）的文章寫道，認知性同理「更像是一種技能」，且進一步引用了《社會心理學百科全書》（*Encyclopedia of Social Psychology*）中莎拉．霍奇斯（Sara D. Hodges）和麥克．邁爾斯（Michael W. Myers）的言論，指出這種類型的 empathy，亦可用 empathic accuracy（同理準確度）來表現，也就是「對另一個人的思想具備更完整且正確的知識，包括其感受。」這符合牛津學習者英英辭典的定義，用我兒子的話來說，就是「穿別人的鞋」想像他人的思想或情緒的能力，在心理學領域的定義中，評量這種能力的基準在於想像的正確性。

② 情緒性同理（emotional empathy）

這一詞被譯為「情緒性」empathy。前述的莎拉．霍奇斯與麥克．邁爾斯又將其分為幾類。首先第一類，是「感受與他人相同的情緒」。這就是日文中的「共感」；第二類是「對他人的困境產生反應，導致個人感受到苦惱」；第三類則是「對他人的憐憫心」。這跟牛津學習者英英辭典的「sympathy」有相當多吻合之處。

③身體同理（somatic empathy）

這是②情緒性同理「對他人的困境產生反應，導致個人感受到苦惱」的延伸，由於想像他人的疼痛或苦惱，自己也感同身受。例如看到有人腳受重傷，產生自己的腳也痛的反應。

④憐憫同理／同理關懷（compassionate empathy）

這是近來常見的詞彙，意指不僅止於想像、理解他人的想法、感受跟他人相同情緒的 empathy，還進一步付諸行動的狀況。大家也往往把「compassion」當作類似 sympathy 或 empathy 的詞來使用，牛津學習者英英辭典的定義是「對受苦之人或動物的強烈 sympathy 之情、想解救他們的願望。」

順帶一提，②情緒性同理也稱為富有感情的同理（affectionate empathy），④憐憫同理也稱為 empathic concern（同理心關懷）。正如上述，empathy 有各式各樣的定義，看得越多，越會湧現疑問：「這個跟這個一樣，有必要刻意用不同的字詞區分嗎？」、「這應該不是 empathy，是 sympathy 吧？」在某種層面上，在某種意義上，好像先講先贏一樣，這個詞的定義可說是一種無政府狀態，不過這也難怪，其實 empathy 這個詞的歷史還非常短淺。

美國雜誌《大西洋》（*The Atlantic*）電子版刊登的〈同理心簡史〉（A Short History of

Empathy，二〇一五年十月十六日）這篇文章，作者蘇珊・蘭佐尼（Susan Lanzoni）表示，empathy 是在一世紀前才出現，empathy 是為了翻譯德文「Einfühlung」而創的英文詞彙。直接翻譯成英文的話，似乎會是「feeling-in」。或許相當於日文的「情感移入」或「深刻感受」。《世界大百科事典》（平凡社）定義「Einfühlung」的譯詞「情感移入」為「指面對他人或藝術作品時，將自己的情感投射到這些對象上，並且視這些情感為屬於對象之物的體驗作用。」

英語圈的心理學家，當初在選擇「Einfühlung」的譯詞時，據說考慮過「animation」（描繪得生動淋漓）「play」（假裝是……、做出……的行為）「aesthetic sympathy」（審美的 sympathy）「semblance」（表面、偽裝、類似）等。不過，一九〇八年兩位心理學者，建議將「in」用希臘文「em」來取代，並使用「pathos」（同情）創一個新詞彙，「empathy」一詞就此誕生。

如同《世界大百科事典》中「情感移入」的解說，在一九九〇年代當時，英文的 empathy 也不是「考量他人心情」的意思，反而正好相反，是將自己的情感或心情，投射到自己外側的事物上，據說是將生命注入某物、或是將自己的想像、情感投射到世界上的意思。例如看到水果靜物畫，將源自自己想像力的情感，像是「好像很好吃」、「透心涼」等，投射到畫上，在觀賞時感受其鮮活生動。

到了二十世紀中，empathy 一詞的意思突然發生轉變。一九四八年美國臨床心理學家羅莎琳・凱瑞特（Rosalind Cartwright），跟她的老師雷納德・柯特瑞爾（Leonard Cottrell）一起針對人際關係中的 empathy 進行了一項調查。在這過程當中，她否定「想像的投射」這個初期 empathy 的意思，主張人際的關係性才應該是 empathy 概念的核心。

之後，在心理學領域，也不斷有實驗性的研究，不久，心理學者開始將 empathy 的「本尊」（正確評估他人的想法及情感）與「投射」視為不同的兩件事。一九五五年的《讀者文摘》（*Reader's Digest*）將 empathy 定義為「理解他人情感的能力，不因介入一己情感而受影響。」這跟現在的牛津學習者英英辭典的定義及認知性同理的定義重疊。

「反對 empathy」論與「重視 empathy」論

看到這個一九五〇年代 empathy 的定義，我想起一本保羅．布倫（Paul Bloom）的書，叫做《失控的同理心：道德判斷的偏誤與理性思考的價值》（商周出版）因為他正是提出反對 empathy 論調的人，主張情感上與他人共感的危險性之一，是情緒化進入他人的世界，將無法理性對狀況下判斷，因此 empathy 並非一種「善」。

這本書的原書名是 *AGAINST EMPATHY: The Case for Rational Compassion*，或許可以直譯為《對抗 empathy「理性的憐憫」擁護論》。他用憐憫（compassion）一詞的部分，有必要論及跟憐憫同理（參考前述④）的關聯性，保羅．布倫也在著書中提到認知性同理與情緒性同理的不同，指出較危險的是情緒性同理，也就是呼籲切勿情緒化進入對象的世界中，這和一九五〇年代心理學者「將自己投射到他人身上並非真正的 empathy」的主張相近。

比方說，在英國，一發生兒童性虐待等案件，社群網站上不僅會出現極端論調像是「一想到受害者及家人的心情，就想把犯人殺了」，實際上也真的有人去圍堵運送嫌犯的車，朝他丟雞蛋的這種案例，但如果冷靜思考受害者及其家人的心情，說不定他們想忘記這個不幸，早日回到原本的生活軌道上，對於不斷有陌生人緊追不捨的騷動，一直成為新聞話題而感到不堪其擾，也就是說，打算對加害者報復的那些人，可謂過度將自己的想像及憤怒投射到受害者及其家人身上。自以為穿著他人的鞋，其實是穿著自己的鞋大剌剌踏入別人的領域、四處走動。

不過，保羅．布倫主張連穿別人的鞋這件事本身都可能有危險，他說，因為這種行為是將聚光燈打在此刻在這裡的特定人群身上，可能會導致一種後果，例如看到有問題的疫苗讓一個孩子生了重病、痛苦不已，就大聲呼籲終止接種疫苗的計畫，造成數十個不特定孩子的死亡。他寫道：「在這種情況下，你對於那些不特定的孩子不會產生同理吧，因為人無法對統計數值產生情感。」是沒錯，數字不穿鞋，不存在的鞋子怎麼穿？還有，人會去穿看得見臉的人（知道的人）的鞋，但對於看不見臉的人，是不會去穿他們鞋子的。

另一方面，像是記者紀思道（Nicholas Kristof）這樣的人，就一直積極主張 empathy 才是現代社會不可或缺的。他二〇一五年一月二十四日刊登在紐約時報的〈什麼是同理心〉（Where's the Empathy?）這篇文章特別有名。他在這篇文章中寫道，美國有「移情隔閡」（empathy gap，一種認知上的偏見，會令人難以想像他人立場），呼籲讀者理解陷他人於貧困的複雜狀況。也就是說，陷入貧困中的人，我們試著去穿他們的鞋，就會明白「貧困是自己的責任」、「社會上有一定人數的窮人是一種無可奈何的現象」，都是基於一己的偏見及先入為主觀念造成的認知偏差，而察覺這一點，能喚起慈愛體貼的行動。

根據紀思道的想法，empathy 是跳脫人各自內心的認知偏見，唯有如此，才能邁向相互認同、各自多元性的社會。不過，保羅·布倫的意見則是，以 empathy 為名的「心情的共享」過度聚焦於特定的個人，在試圖讓社會全體走向更好的方向、實現改革之際，不啻為一種障礙。

乍看之下似乎格格不入，事實上兩者卻存在指向同一方向的部分，因為兩者在「跳脫、拓展」這一點上有交集。「重視 empathy」論者說的是跳脫認知偏見、拓展思維；另一方，「反對 empathy」論者說的則是跳脫對象身上的聚光燈，拓展事業。

「跳脫、拓展」。

似乎會成為接下來思考 empathy 時的關鍵詞之一。

談談鏡像神經元

提到「跳脫、拓展」，其實empathy歷史本身也稍微跳脫了心理學及文化方面的爭論，並且拓展到腦科學領域。這是由於過去二十年以上，在empathy爭議中，一種叫做「鏡像神經元」（mirror neuron）神經細胞的發現，逐漸帶來的影響。發現「鏡像神經元」的，是一九九〇年代義大利的幾位科學家。他們進行了一項實驗，將電極插入猴子腦中掌管手及手指動作神經的部位，結果研究員做出抓住東西動作時，猴子的手明明完全沒有動，腦中掌管抓東西指令的神經卻出現反應，也就是，眼睛所見的動作，在腦中如「鏡子」般重現了。

近畿大學醫學部醫學系．醫學研究所村田哲副教授說：「鏡像神經元發現的當下，由於『發現解讀人心的腦部功能』，在神經科學以外的領域也廣受矚目。這個發現相當偉大，美國神經科學家拉馬．錢德蘭（Vilayanur Subramanian Ramachandran）等人表示：『鏡像神經元的發現，在心理學、腦科學領域中，可與DNA的發現匹敵』」。（《在家時間》（*at home TIME*）二〇一三年九月號）。如果人類跟猴子一樣，具備在腦中下意識模仿眼睛所見動作的功能，就可說是天生擁有「化身為別人」這種習性的動物。看到別人受傷，自己的身體也覺得疼痛的那些身體同理較强的人，或許這種細胞功能較為活絡。

根據《日本連線》（WIRED JAPAN）的報導（二〇一四年七月二十九日），發現鏡像神經元的帕爾馬大學（University of Parma）研究團隊領袖，科學家賈科莫・里佐拉蒂（Giacomo Rizzolatti），在二〇一四年七月舉辦的ＦＥＮＳ（Federation of European Neuroscience Societies）論壇中進行了一場演講，講題是「我知道你要做什麼：存在理解他人根本精神的機制。」為了說明鏡像神經元系統，據說他舉了一個坐在酒吧吧檯男性的例子。坐吧檯的男性手上拿著啤酒杯，從他拿酒杯的樣子，可以知道他接下來要做什麼（乾杯、喝、丟出去等。）里佐拉蒂說，像這樣人類能瞬間了解他人行為，也是源自鏡像神經元的功能，因為鏡像神經元會對自己見到的行為，在腦中產生共鳴，彷彿自己正在做這件事。

《日本連線》的報導告訴我們「神經科學者表示，鏡像系統讓人能夠對於周遭發生的事迅速預測發展方向；透過認知移情體驗他人的情感或進行模仿學習。」

的確，如果看到別人的行為舉止，自己腦內同時會像映照鏡中般進行模擬，就表示人類無關本身意願，原本就擁有會穿上別人鞋子的大腦。也有一說表示，大家都說夫妻一起生活，久而久之臉也會越來越像，其實也是鏡像神經元長年在腦中互相模仿的結果。據說，《天生愛學樣：發現鏡像神經元》（遠流出版）作者馬可・亞科波尼（Marco Iacoboni）主張，當受到這種腦中鏡像作用（mirroring）的刺激，信號就會傳達至大腦邊緣系統的情緒中樞，產生「同理」。嬰兒會先從身邊的父母開始，逐漸藉由跟各式各樣的人接觸、相互模仿，提升empathy

能力。

也就是說，當腦中產生鏡像作用的對象有限、或是太少，就無法培育出對他人行為的理解或預測事物未來走向的能力。也難怪各方人士會認為或許鏡像神經元才是理解 empathy 能力時的關鍵。

不過，這一點終究也出現了抱持不同意見的人。《失控的同理心》作者保羅・布倫也指出高估鏡像神經元的危險性。他說，鏡像神經元的功能，能讓猴子學習一邊觀察他人行為一邊調節自己身體來操控東西，不過要用這種「不分自他的神經系統」來說明人類的同理能力有牽强之處。

此論點的有趣之處在於，他說穿了鏡像神經元功能（即模擬）受限於「一開始就假設他人與自己相同」。也就是說，喜好與個性因人而異，就算看到有人頭撞到桌角，自己也覺得痛，但說不定撞到的人平時就在練摔角之類，這種程度的疼痛根本不當一回事；看到有人在吃巧克力，自己也沈浸在幸福的心情中，也或許吃的人原本更想吃乳酪蛋糕，是懷著不滿的心情在吃。

保羅・布倫明確寫道：「我們試圖以自己為範本來理解他人，所以世界上的不幸（以及收到也不覺得高興的生日禮物）源源不絕」。這個觀點，視解讀角度，像是正面挑戰馬太福音「你們願意人怎樣待你們，你們也要怎樣待人」的句子。

的確，「希望別人為自己做的」跟「認為他人希望別人為他做的」是兩回事。但是，當我們主觀認定兩者總是一致，就會造成種種不幸，這樣的考察的確很有道理。之所以會有人擅自代替受害者去對嫌犯進行報復，也是源自認為別人應該跟自己有相同感受，而「假設他人與自己相同」，那麼，鏡像神經元事實上非但不是穿上別人的鞋，反而有可能是在逼別人穿上自己的鞋。

不只保羅．布倫，對模仿他人行為的這種大腦功能與 empathy 的說明，對這兩者之間的關聯性持懷疑態度的人不在少數。用手指捏起東西、踏側步等肢體動作，或許可以靠大腦裡的鏡像神經元做出同樣的動作，但絕對不是看見別人顯現悲嘆或喜悅自己就會悲傷或開心，有些人臉上做出悲傷的表情，內心其實在笑；或是假裝高興，其實內心懊惱不已，這種人類的複雜性光憑互相模仿是無法理解的。

甚至，自以為理解的弊害造成的問題，也有可能讓事情朝向完全對別人無益的方向發展。將自己投射在他人身上，也等同只將對方看作「自我投射的對象物」，不僅無法將自己「拆卸」下來，反而是利用他人的存在來擴大自己。

Empathy 達人——金子文子

我舉出「跳脫、拓展」當作 empathy 的關鍵字之一，其實 empathy 的種類本身也不斷在拓展、增加。社會心理學家丹尼爾・巴特森（C. Daniel Batson）等，主張 empathy 有八種概念[3]。

這八種概念分別是：

一、得知他人的內在狀態（包括思考與情緒）。

二、與觀察對象採用同樣態度與視角或是產生同樣神經性反應。

三、開始抱持跟他人相同的情緒。

四、直觀或投射自己站在他人立場的樣子。

五、想像他人如何思考、如何感受。

六、想像若自己站在對方立場，會怎如何思考、如何感受。

七、見到他人難受的樣子，自己也會感到痛苦。

八、對感到難受的他人抱持感情。

在如此眾多的定義中，我關注的無非是牛津學習者詞典定義的 empathy，以目前大家使用的分類而言，被稱為認知性同理的部分。

也就是說，並非將自己投射於誰或誰身處的狀況中來理解，而是將他人認定為他人，並且在這種認識之下試圖理解對方。即使是跟自己不同的人、擁有自己無法接受的性質，依舊認同這個他人的存在，並試圖加以想像。即使他人的鞋又臭又髒，也能毫無情緒地試著理智穿上，才是認知性同理。話雖如此，人真的做得到嗎？不過，如果 empathy 是一種「ability」，就一定有 able 的人做得到吧。

在這樣的思維下，我想起一位或許是 empathy 達人的人，就是金子文子。她是朝鮮出身的無政府主義者朴烈的伴侶，共同成立一個叫做「不逞社」的組織，和無政府主義者或社會主義者夥伴一起發行雜誌、舉辦演講等，她在關東大地震二天後遭警察拘捕，以叛國罪起訴，並判死刑。之後獲恩赦減刑為無期徒刑，但她把天皇的恩赦書撕碎丟掉，僅二十三歲就死於獄中。

關於她的死，一般公布為縊死，其實有各種傳聞，特別是她從市谷刑務所轉到宇都宮刑務所栃木支所後的最後三個月，據傳斷絕與外界接觸，在刑務所內遭到激烈的「轉向」[4]要求。實際上，本人也留下幾篇讓人有所聯想的短歌。

皮手銬、昏暗室內飯生蟲，明明所寫絕無謊言，
僅僅依實寫下真相，獄官卻叨叨念念。

---

3 《同理心的社會神經科學》（*The Social Neuroscience of Empathy*），讓・德賽迪（Jean Decety）等編，二〇〇九。

4 改變政治、思想立場。狹義指共產主義、社會主義者在彈壓、強制下放棄其思想。

如果那麼不滿我的沈默，為何不抹消事實？以繩索綑綁瘋子、丟進病房，竟稱之為保護。

我曾把她的故事寫在《那些女人的恐怖手段》（女たちのテロル）這本書裡。當時，我對她在刑務所裡寫的短歌中，有一首印象特別深刻，認為最能代表她，所以寫進書裡。是這樣的歌：

烤著鹹鹹魚乾，女看守的日子，也不輕鬆吧。

這位女看守，有可能是強迫金子文子轉向、或在刑務所中對她做盡殘酷之事的人。就算不是，對於以國家為敵、高唱反天皇制的文子而言，刑務所的職員也是強迫她思想轉向的「國家走狗」，是傷害她的「敵方」的人。

也許是刑務所沒有好好供應三餐，或者文子拒絕吃飯，因此極可能處於空腹狀態的她，聞到美味魚乾的香氣。此時有人為文子感到氣憤也不奇怪：「就你們這些人有飯吃」，也可能會想，你們把她折磨得這麼慘，竟然還悠哉地烤魚乾，開什麼玩笑。

不過，文子聞到魚乾的香味，卻從女看守的飲食去想像她樸質的生活樣貌：啊，她的日子一定也不是那麼輕鬆吧。

我在寫《那些女人的恐怖手段》時，用「善良」來敘述文子這個特質。不過，事後我漸漸覺得，或許這才是 empathy。即使是立場不同的人，她不必特意努力想像對方的背景，empathy 開關也會自然啓動。

如果「善良」是「kindness」，那就是一種全面性的親切態度，只要是可能做到的情境，就會有善舉。不過，文子身處刑務所，物理上辦不到，就算辦得到，也很難想像文子對女看守抱持友善的態度。那麼，啓動文子 empathy 開關的，應該就不是「善良」了吧。那麼，啓動開關的會是什麼呢？對文子而言，這位看守，是她賭上性命對抗的國家權力、把她當作物品般玩弄、掌控生殺大權、消磨她意志的這個巨大怪物的一部分，為什麼文子會穿上她的鞋呢？

金子文子成長過程中，由於沒有戶籍，無法正常上學。幼時遭父母遺棄，親戚收養她，帶她去朝鮮，結果卻被祖母、姑姑嚴重虐待。相較於日本人社群，文子從貧窮朝鮮人身上更能感受到與自己相近的特質。她說，看到三一運動[5]時朝鮮人民大喊要從日本獨立，湧上前所未有的興奮。也就是說，人生來自然會對家族、學校、民族、國家等有「歸屬感」，但文子是生長在跳脫這一切「歸屬框架」的地方。文子永遠被排除在外，可說這構成了她身為思

5 朝鮮日佔時期的韓國獨立運動。

想家及作家的特異性。

因此，她即使投身於社會運動，還是能以冷靜的眼光從外側觀察一切。事實上，她曾說過，在同志及社會派律師等積極在審判中協助她的同時，她曾經想過，與其因自己的失誤，被連累捲入失敗中，不如背叛所有同志，自己努力對官員露出悔過心，好早日獲得自由。這番話，如果決心成為「革命的聖女貞德」就絕不能說出口。而這也是由於文子已「跳脫」鑄模，才有辦法說出的話，與其說她會成為聖女貞德，不如說正因為她執著於「我要活出自己的人生」，所以才能夠大大方方說出這番話。

如果稱呼金子文子為無政府主義者並無不妥，那完全是出自她畢生立志於「self-governed」（自我管理）的人生態度，只是，真心在家庭、學校、國家等存在的社會上試圖貫徹此志，就會淪為「跳脫者」。對此毫不畏懼、立志「自我管理」的人，不是打從一開始就被養育成「跳脫者」，就是有強烈志向要成為「跳脫者」的人。文子是前者。

反過來說，在人生中曾宣示「我要活出自己的人生」，作為一個「自我管理」的無政府主義者，也就是能夠自然打開穿上別人鞋子的 empathy 開關的人。思考她的人生，甚至會覺得徹底利己與徹底利他，其實或許是彼此相連的兩件事。

不論如何，金子文子正因為成長於完全跳脫世間一般「belonging」（歸屬）感覺的地方，所以才能在一瞬間自由跳脫「敵 vs. 友」的構圖，這一點無庸置疑。這表示越是深陷於「歸屬感」，就越無法穿上他人的鞋。越是相信這種歸屬能保護自己、越是緊緊巴住那種感覺不放，人就越會拘泥於自己的鞋，讓自己的世界越趨狹隘。

與此形成鮮明對比，金子文子「跳脫」了自己的鞋，思想便無限開闊。她敘述自己出身的自傳，原本是「希望世間父母一讀」而寫，結尾卻以「一切現象即使現象本身消失，也會存續於永恆的現實中」終結，展現了她的宏偉開闊，以至於後來鶴見俊輔撰文將她與齊克果（Søren Kierkegaard）相比。

她在獄中寫的魚乾短歌，提醒我們不脫下自己的鞋就無法穿上別人的鞋。反過來說，不在乎自己的鞋的人，是一種自主自律的人。

金子文子能夠乾脆地脫下自己的鞋，而她清楚確知，她的鞋不過就只是自己現在脫下來的鞋罷了。這樣的人，自己要穿的鞋一定會自己決定，不容許任何人強制。

前陣子，我有幸在東京與生物學者福岡伸一會面。我們在《朝日新聞》針對「穿別人的鞋」進行了對談（二〇二〇年一月一日日報）。

當時福岡先生說的一句話，在我心中留下鮮明的印象。

「我認為，獲得『自由』，人就也能夠『穿上別人的鞋』」。

我之前就覺得無政府狀態和 empathy 彼此相關，一直以來模糊的想法，此時覺得終於遇見適合它的詞句。

詞句，它也是一個解答，不過在此同時，也成為一個新的提問。

這表示，靠自己形成理由這種狀態即為「自我管理」，跟牛津合作的免費詞典網站LEXICO 將「自我管理」定義為「擁有統治自己、掌控自己問題的自由」。

Anarchic empathy（無政府主義同理心）。

這個詞從來沒聽過，不過，在持續增加的種類中，多加一項也無可厚非吧？我想在傳播這麼大的事情的同時思考無政府狀態與 empathy 的關係。

第 2 章

溶化、改變

詞句能溶解它

我到日本出差約一週，回到英國時，我居住的布萊登已經鬧成一團。多名布萊登居民證實感染新冠病毒，由於也有醫生感染，導致診所關閉，成為全國新聞報紙報導的焦點。甚至有小報下了「到布萊登安全嗎？」的標題，這報導方式完全把布萊登當成「污染地區」了吧？當時（二〇二〇年二月二十五日）英國新冠病毒檢測呈陽性的人數有九人，其中五人是布萊登居民。

不知道是否也因為這個緣故，據說在我兒子就讀的中學，亞裔學生開始承受一些壓力。我兒子說，原本亞裔孩子人數就少到可謂「極端少數族群」，因此相當引人注目，如果再咳嗽、用面紙擤鼻涕，周遭的視線銳利得可以刺人，甚至有學生會明顯拉開距離。

「之前，我站在公車站那邊，有一輛車開過去，從車窗裡飛來一句『Fucking Chink!』好久沒遇到這種事了。感覺新冠病毒將對亞洲人的歧視正當化了。不能歧視黑人，但亞洲人帶來疾病，所以可以歧視。」我兒子告訴我。

法國地方小報，刊登了戴口罩的亞洲女性的照片，配上「黃色警報」的標題，被批判為種族歧視，不過，歐洲發行量最多的新聞雜誌，德國《明鏡週刊》（*The Mirror*）也在封面刊登穿防護衣戴防毒面具的人，下的標題是「中國製造」（Made in China）。另外，《經濟學人》（*The Economist*）也在封面刊載了「究竟會惡化到什麼地步」的標題，搭配地球戴著中國國旗圖樣口罩的插圖。

一旦涉及傳染病及病毒，連平時謹慎套用政治正確概念的主流媒體，也會四處亂闖、誤入歧途。孩子們不可能感受不到這樣的氛圍。

前陣子也是，電視播放新冠相關新聞時，我兒子說了這樣一段話。

「今天在換教室上課的途中有個同學在樓梯錯身的時候，一臉認真地跟我說『不要在學校散播新冠病毒』，他的說法應該說太直白嗎，未免太過分了，打擊到我，害我一時之間僵在那裡。」

「當面講也是很有勇氣欸。」

「嗯，可是……」

兒子又開口，直視著我。

「這件事還沒結束。我在學餐排隊買午餐的時候，他又走過來，用很抱歉的表情向我道歉，說『對不起，我說了那麼惡劣的話。』」

「欸？」

「我被他罵的時候，什麼話都講不出來，不過好像有人聽到他在樓梯上對我說的話，跟他說他不應該那樣講。」

「……不知道是誰，怎麼跟他說的呢。」

我打從心底好奇。他是指出對方跟我兒子說的話是歧視、告誡他不能那樣說，還是指出事實，我兒子雖然外表是亞洲人，不過住在英國，感染風險跟其他學生完全一樣呢？

「不管他怎麼說，我發現說出來很重要。我雖然沒講話，不過因為有人去跟他說，他才察覺自己話語的含意，來跟我道歉。所以我今天下午覺得神清氣爽。」

話語有時會讓人陷於不幸、激怒人、讓人憎恨別人；但也能讓人和解、感到幸福。如果那位少年沒有道歉，我兒子的心一定會被對他的負面情緒所佔據、難以消弭。一度幾乎要凝結的可怕的黑色物體，因為一句「Sorry」得以融化。

「不過，我也稍微反省了一下。其實那個同學有自閉症，所以坦白說，我那時候應該是覺得跟他講他也很難理解，所以才什麼都沒說呆立在那裡。那是我內心的偏見。」

兒子這樣說。

如果那位少年相信散播新冠病毒的是亞洲人，那麼兒子也有兒子的問題，主觀認定即使對自閉症少年抗議，對方也聽不懂。

話語能融化主觀認定。將那些凝固的、凍結的、相信不變的，溶化、融解、改變。

我們要穿上別人的鞋，必須先脫下自己的鞋；同樣的，人要改變，必須先溶解舊有的自己。話語，具備了溶解的力量。

讀寫感情

話語能夠溶化的，不只是主觀認定和信條。話語也能溶化形成暴力的機制。

實際展現這一點的電影，就是坂上香導演的紀錄片《監獄圈》（Prison Circle，二〇一九年。）她把攝影機帶進「島根旭回歸社會輔導中心」這間男性監獄，在二〇一四年到二〇一六年之間，以參加名為「ＴＣ」[6]計畫課程的男性受刑人為對象，進行拍攝。

坂上導演在《Lifers 超越無期徒刑》（Lifers ライファーズ　終身刑を超えて）這部紀錄片作品中，拍攝了在美國監獄中進行的ＴＣ。看到這部作品的日本監獄相關人士，想把這項計畫引進日本，最後得以在公私合營的島根旭實現。

島根旭導入了坂上導演電影《Lifers》中美國 amity（和睦）的模式，這個計畫本著瑞士心理學家愛麗絲．米勒（Alice Miller）的理念，目標是透過心理治療方式治療罪犯或成癮者、協助康復。這樣寫可能有人會覺得跟常見的治療沒什麼不同，不過，ＴＣ並非治療師與患者一對一進行的治癒法。這個計畫中，所有參加者既是治療師，也是患者，全體當事者社群成員一起相互治癒、一起恢復。

6 Therapeutic Communities，治療型社區。此處指的是監獄型態下的治療性社區（TC in prisons）。

比方說，電影或戲劇中常出現像ＡＡ[7]這種互助團體，參加者圍成一圈坐下，互訴各自經驗及現狀。ＴＣ或許可說是比它更全面、更密集的計畫。計畫的基本單位是三個月（一期），一週有十二小時的課程，參加計畫的受刑人最低限度必須持續六個月（二期）。據說大部分的人會加入一年到一年半。

看《監獄圈》，我首先很訝異：這真的是日本的監獄嗎？如果那是在美國或歐洲的監獄拍攝的影像，我一點都不會驚訝，典型就是會出現在ＢＢＣ紀錄片之類的那種感覺。

但是，當坐在圍成一圈椅子上的是日本的受刑人、他們可以對人訴說那麼私人的事，對我而言衝擊很大。我原本主觀認為「日本人不會暴露自己的內心世界，特別是會讓自己蒙羞的事，絕對不會講給別人聽」，這部紀錄片卻完全推翻了我的想法，ＴＣ參加者非常赤裸、真摯地用自己的話語，談論自己的幼時經驗、犯罪的來龍去脈與現在的心境。據說，坂上導演聽聞島根縣監獄將導入ＴＣ時，也認為不會達到跟美國監獄同樣的效果。她說，日本即使導入些國外的什麼，大部分的情況都會演變成只因循形式，她原以為ＴＣ也不例外，並不具備能改變受刑人人生的深度力量。

不過，坂上導演的預設，去看島根旭進行ＴＣ時就被推翻了。「我眼眶發熱，同時，又覺得像在作夢，難以置信。」她當時的感想，寫在一篇題為〈監獄圈：為從囚禁中獲得自由的練習〉的連載中（《世界》二〇二〇年一月號）。她還說：「我多年來一直存疑，認為『沈默的文化是不會改變的』，如今這份懷疑急速溶解。」

「溶解」這個表現很有趣。此處，也是言詞——那些參加ＴＣ受刑青年的言詞——溶解了我和坂上導演那種「在日本應該不可能」（是住過國外的日本人一不小心就很容易陷入）的主觀認定。跟坂上導演進行對談時，我鼓起勇氣問她，電影中出現的那些青年，是否屬於團體中特別擅長將自己的想法、情感化為言詞的人，因為我以為她挑選了具備此種能力的人來拍攝。結果她告訴我，他們是因為接受了ＴＣ教育，所以漸漸能夠如此發言。她表示，當然，個人之間有差距，也有些人花了相當長的時間，不過，只要接受所需訓練，大家最後都漸漸能將自己的情感或想法言語化、傳達給別人聽。

我覺得這跟同理心可以經由訓練培養出來有相似之處。同情心只限於對象是自己覺得可憐的人、或是對想法有共鳴的人，也就是自己的心情能自然貼近對方時，才能發揮；同理心則不同，是一種刻意站在他人立場發揮想像力的能力，既然是能力，就能夠透過訓練提升。

坂上導演在前述《世界》連載中寫的「情感素養」（Emotional Literacy）的概念，或許也能夠幫助我們理解言語化能力與同理心的關係。關於情感素養，她的說明如下：

情感素養是指感受各式各樣的情感，並且理解、表現出來的能力，同時，也包括對此能

7 Alcoholics Anonymous，戒酒無名會。

力之提升。是讓自己不為情感左右、能靈活運用情感的方式。（《世界》二〇二〇年一月號）

據說，在島根旭，「Emotional Literacy」的日文被譯成「感識」[8]，坂上導演的解說如下：

感識：感受自己內心動向或情感，並且將之理解、表達的能力。情感的讀寫能力。「感情肌肉」的强韌度。

所謂情感的讀寫能力，是指正確將情感傳達給他人的溝通能力。例如，在英國，公立初中有戲劇科目，可說這也是為了提升「感識」的教育。我在英國取得教保員資格時，以見習志工身分實習的是一間「底層托兒所」（我自己擅自如此稱呼這種教保設施），那是找遍全英國也屬於失業率、貧困率、疾病率特別高的區域裡的一間免費托兒所。許多兒童來自有社工介入的家庭，也有些家庭有虐待或疏忽的嫌疑。那間托兒所特別加强的，也是戲劇性質的教育。

牆上貼了各種表情人們的照片，問孩子「這是什麼時候會露出的臉孔？」有些孩子看到笑臉會回答「開心的時候」、「吃巧克力的時候」，也有些孩子完全沒有反應、或是回答不符合表情的答案。我到現在還記得，有個孩子指著微笑人的臉，回答「有人罵他罵得很兇的時候」。原本想他是不是頑皮故意想逗人笑，反問他「嗯？被罵的時候會是這種臉嗎？」那孩子堅定點頭，回答「不笑會被揍」。

開心的時候笑、難過的時候哭，這種情感表現的迴路，有些孩子並沒有直接連通。也有人認為在幼兒期進行這種教育是一種極權主義，不過，「傲嬌系」或「冷笑系」等獨特的個性，等標準情感傳達的方式懂了之後，再去培育即可，如果受到虐待或疏忽，卻無法以正確的迴路將這些情況傳達給他人，孩子們就會讓自己身陷危險。

不僅如此，如果他們無法從他人表情或動作正確想像對方的情感，就無法發揮同理心。這是情感讀寫能力「讀」的部分。無法正確判讀他人情感，人就會在肢體上、或是言語或態度上傷害別人，或是試圖讓對方服從自己。

一般，我們稱此為「暴力」。

獲得「I」這個主詞

電影《監獄圈》開頭，出現的故事是因電話詐騙判了二年四個月的青年寫的「說謊的少年」。這個故事的開端是：

從前從前，有個少年說的都是謊言，在任何情況下，他都不會說真話。少年很怕孤單，渴望有人陪伴他，不過一個滿口謊言的少年，街坊沒有人會理他。少年孤獨得快發瘋，卻依

8 情感意識。

舊只說謊言，其實他只能說謊是有理由的。

這個故事讓我聯想到町田康的《告白》，這本以河內十人斬[9]為題材的小說，主角城戶熊太郎身為一個善於思辨的人，思考和言論卻無法一致，他缺乏將自己想法正確傳達給別人的能力。思想和行為舉止各自為政，連自己是加害者還是受害者都模糊不清，一再陷入無可救藥的情況，最後終於走上殺死多人這條不歸路，他朝著空氣告白：「對不起，一切都是謊言」，試圖自殺，卻無法扣下扳機，說道：「我覺得還沒說出真相」，想從內心深處找出自己的想法。無奈那邊「是一片曠野」，沒有任何話語、無法抱持任何想法，只有淚不停湧出，熊太郎說「行不通」，扣下扳機。

這並不是什麼特殊的感覺，在社會與他人共存的人應該多少都經驗過吧。我們每天對著各式各樣的人、說各式各樣的話，不過，究竟說了多少自己真正想說的？我們幾乎都在沒有將自己的感覺或想法化作言詞的情況下，讓對話流過，不是嗎？

坂上導演說，常常有看過《監獄圈》的人反映「自己也想坐在其中一張椅子上」。當然並不是想被關進牢裡的意思，而是有許多人想坐在TC排成一圈的椅子之一，對人傾訴。這或許表示，有許多人希望在走到像《告白》的熊太郎那樣「行不通」那一步之前，能把自己的情感及想法化作言詞，從自己內部釋放出來、傳達給別人吧。

據說，《監獄圈》在島根旭ＴＣ的課程中，會呼籲大家別當計畫的「旁觀者」，而要當「參加者」。他們說，所謂的「旁觀者」，是指沒打算參加討論、對話和活動的人、只是假裝在聽、其實漠不關心的人、不自我揭露（self-disclosure）的人、說謊或不說實話的人等。

島根旭的ＴＣ教導大家，對任何人都不說實話或不斷說謊的人，在人生中會被驅趕到旁觀者的立場。《監獄圈》出現的參加者中，有受刑人完全不讓家人看到自己任何弱點，並不斷謊稱自己不要緊。他用這樣的態度跟家人相處，實際上，卻會想到自己無法跟家人建立起關係的孤獨；有的受刑人說在其他監獄時從未對親近的人談過自己犯的罪；有的受刑人說，基本上就連對交往對象也不會談自己的事；還有受刑人說，在持續說謊的情況下，是看不見受害者的，只在乎會怎麼判決。

說謊等同於「不讓自己這個個人跟他人產生關聯」，看起來像在對話，其實並沒有對話。我在德國記者卡羅琳・恩可（Carolin Emcke）的著作《因為它能化作言詞——關於作證與正義》（*Weil es sagbar ist: Über Zeugenschaft und Gerechtigkeit*）中找到一段文章，能夠說明為何說謊會讓人處於自己人生旁觀者的立場。

9　一八九三年（明治二十六年）發生於大阪府的殺人事件。

奪取一個人「主體性」的手段，不是只有統一他們的髮型、讓他們穿同樣的衣服、把所有人統合成一個沒有名字的集團。欠缺相互間能以個人立場進行對話的機會，也會帶來「主體性」的喪失。

恩可在這裡寫的，是一種在像强制收容所那種毫無自由的生活中、人們的尊嚴遭到剝奪、被視為「物品」的狀態。在這樣的狀況下，例如恐懼說錯話可能會遭到拷問、無力說話、或是極度疲勞等，在收容所有許多導致大家逐漸不說話的理由。不過，恩可說，讓人停止對話最大的理由，是一種「失去主體性」的感覺。

所謂的主體性就是「I」（我）。當失去「I」這個主詞，人要如何編織文章、又能訴說什麼呢？恩可引用了漢娜．鄂蘭（Hannah Arendt）的用詞「人性相關事物的交纏」（意即跟他人的對話及相互理解），主張人是一種在跟他人交談中達到自我認識的言詞性存在，人的自我意識並非在孤獨中自然形成的，而是在跟他人的關聯中建構出來的。恩可寫道：

也就是說，自我持續性的身分認同之所以得以證明、確認、關注，是因為必須透過跟他人對話。藉由跟他人的對話，人始能理解自己的體驗、能將其化為經驗。人類所有特色、不同點、類似點、多元性——也就是主體性——要透過他人的承認或拒絕，才得以浮現、凸顯。

這裡用了「主體性」一詞來表現身分認同。近年來，提到身分認同，傾向拿來作為討論人種、性取向、社會性別等意指歸屬性的詞彙，不過，原本身分認同這個詞，常會跟「尋找自我」或「自我風格」一併使用。在牛津學習者英英辭典網站上，identity 的定義如下：

Identity：

1. 某人／某物是何人、或是何物。
2. 人們可與他人區隔的特徵、意識或信念。
3. 跟某人／某物非常相似、能夠理解的狀態或感受。

恩可主張，只有透過鄂蘭所謂的「人性相關事物的交纏」，才能認知「自己是誰」、「區隔自己跟他人的特徵、意識或信念」。正因如此，不親自參加「人性相關事物的交纏」（持續說謊），會讓人失去建構「I」這個身分認同的機會，並且，對人生中發生的所有現象，都將以旁觀者的立場（在某種層面上，也可說是俯瞰的視線）來認知。犯罪也是如此。

《告白》的熊太郎選擇「一切都是謊言」作為自己這個存在這輩子最後說的一句話。不過，又覺得大概還是不對，於是拼命尋找可能存在心底某處，那「以I＝自己為主詞訴說的真正言詞」，結果卻什麼都沒有，於是，最後說了一句「行不通」，然後死去。

熊太郎的死法，讓我想起恩可的主張。具備「I」這個主體性而發言的能力，孤單獨自成長的人是無法培養出來的，唯有透過與他人產生關聯（不是旁觀者、而是身為「自己」所產生的關聯），才有辦法孕育萌生。

耐人尋味的是，《監獄圈》的坂上香導演說，像詐欺犯那種會滔滔不絕羅列無意義言詞的受刑人，一旦上了TC計畫的課程，反而會不講話，暫時失去言詞。她說，這是因為他們發現自己以往發言的空虛，是他們在重新獲得言詞前必經的過程。當經過一段無法發言的時期，再度能開口說話時，這些受刑人的言詞已跟過去完全不同，不再是人生的旁觀者，而重獲了「I」。

同理心、戲劇構作、還有社群網站

在《監獄圈》中，精彩捕捉到一位受刑人因為TC而發覺自己不再是人生旁觀者的瞬間，那就是〈第六章　健太郎〉。

在這一章裡收錄了參加TC的人進行角色扮演的影片。健太郎原本相信人與人的連結，唯有透過金錢，才可能維持下去，因此，他不惜借錢也要持續提供金錢給母親與女友，等到入不敷出，他開始闖入親戚家搶錢，還弄傷了叔叔。他因搶劫、傷害及侵入他人住宅而被判五年徒刑，失去了一切，包括女友、女友肚子裡的孩子、朋友和職場同事。

健太郎的犯罪意識薄弱，在他心目中，受害者是他自己。他覺得為什麼只有自己非得陷入如此痛苦的境遇，也常感到活下去太辛苦、想要尋死。在參加TC的人當中，他的綽號是「鐵面具」，總是面無表情坐在圍成一圈椅子之一，並說自己連動心的狀態都無法理解。

有一天，健太郎在TC課程中被要求參加角色扮演。他被迫「以自己本人的身分」在圍成一圈椅子的其中一把上坐下。其他參加者扮演他犯罪中的受害者角色。扮演他搶劫時被他傷害到叔叔的參加者，問他：「為什麼你要做出這種事？」扮演嬸嬸角色的參加者說：「事情發生以後，我都怕得睡不著覺。」健太郎開始以「自己本人的身分」一一回答那些問題，不久，「鐵面具」開始掉淚，扮演被害者角色的參加者也都眼眶含淚。這一幕了不起的是，責備他的那些TC參加者，其實也是某些犯罪的加害者，他們本身也有他們的受害者。

也就是說，扮演受害者的那些參加者，正是藉由「穿上別人的鞋」想像健太郎受害者的心情，同時也穿上了自己本身受害者的鞋。而他們對健太郎發洩身為受害者的憤怒、恐懼時，健太郎一開始彷彿扮演他自己一般，顯現出冷靜的反應，但漸漸「鐵面具」溶化，「I」顯現出來。

角色扮演是一種「遊戲」、是演戲，能藉由扮演別人獲得「I」，非常耐人尋味。正如前述，在英國，戲劇是中學導入的科目之一，一般認為能提升孩子的表現能力及創意，不過，目睹角色扮演這一幕，就能清楚了解，演戲不但對獲得「I」有幫助，也具備了提升同理心能力的功能。在此，也可以看見「『I』的獲得＝變得利己」與「同理心＝變得利他」的明確連結。

有一本哈波·李（Harper Lee）的小說《梅岡城故事》（*To Kill a Mockingbird*），至今在許多學校仍是指定讀物，一九三〇年代美國南部，一名黑人青年遭誣告性侵婦女，本書便是透過他的審判，描寫當時白人的偏見與人種歧視，書裡有這樣的段落：

> 直到用他的觀點思考事物為止，根本無法真正理解他人。直到潛入他皮膚內側、將它穿在身上走為止。

將他人的皮膚穿在身上走，這正是演員日常進行的舉動。演員正確掌握住人的表情、言詞與情感的連結，運用那些連結，將各式各樣人物的經驗或故事傳達給觀眾。但是，不僅是演員，我們這些一般人也是，沒有掌握住言詞與情感的連結，就無法將自己的情感及想法傳達給別人。美國社會學者爾文·高夫曼（Erving Goffman），以在社會學領域提倡「戲劇構作」

（dramaturgy）概念聞名。他主張人的生活如同沒有終結的戲劇，而人是其中的演員。

高夫曼說，人從嬰兒時期出生於被稱為「日常」的舞台上，人的所謂「社會化」，是扮演其他人賦予自己的角色。我們在跟他人一起生活的當下確立自己的角色，換句話說，我們在跟他人產生關聯，建構自己角色的同時，也賦予他人角色。在組織中是上司與下屬、社長、新進人員；家庭中是父母、子女、兄、妹等；其他還有教師與學生、醫師與患者、師父與徒弟、客人與店員等，人在生活中真的扮演著多種多樣的角色。藉由在各個場合扮演不同角色，建構出我們的人格形象。這也跟恩可的主張相通，人唯有透過漢娜．鄂蘭所謂「人性相關事物的交纏」，才能認識自己。

此外，高夫曼還說，我們叫做日常的這個劇場，存在「舞台」與「後台」兩個領域。在他人面前講自己的台詞時，是在站在「舞台」上（職場、教室、餐桌上等），幾乎絕大部分的時間，人們都在演戲中度過。不過，偶爾我們會有機會離開舞台，在後台休息。在這樣的私人領域中，人們不需要演戲，人們在後台放鬆、休養、為下一次上台做好準備。

思考高夫曼這個理論時，我忍不住想《監獄圈》排成一圈的椅子位在哪個領域。既然是在人們面前談論自己的經驗或想法，應該算是站在「舞台」上吧。也就是說，參加ＴＣ計畫的人，是無法掌握住自己在「舞台」上生活時自己的角色、或是沒有好好被分配到角色（恐怕兩者皆是）的人，而他們「改變」的時機，就是當他們能夠正視自己在社會中的角色（能夠掌握住）的時候。更進一步，當他們學會如此，也才能夠賦予別人適當的角色。因此，只要上了TC這門課，能讓原本採旁觀者態度、所有對話都隨便聽過去的人，變得能夠正確掌握自己的角色、言之有物、「改變自己說出的話語」。某種層次上，可說他們被「社會化」了。

另一方面，雖然周遭還有他人，我們也可以視排成一圈的椅子為「後台」、或是相當接近後台的「舞台」（翼幕一帶等）。或許，正是因為觀看《監獄圈》而得到這種印象，所以許多觀眾才會覺得「我也想坐在那些椅子上」吧。是不是其實很多人會想要一個安心的場所，讓自己可以說出「其實我演出這樣的自己，有我的理由在」、「那時雖然說出那樣的台詞，其實我完全沒有那樣想。」

反過來看，也可說大家想要一種信賴關係，可以允許自己這樣發言。透過社群網站或「同感按鈕」（讚、愛心、表情符號等）連結的「沒有負擔的關係」可以簡單的產生共同感，但社群網站其實也不過是一種舞台，不僅如此，還是一旦上去了，就很難下來的無止盡舞台，發現這一點的人，應該會渴望一個像後台般能喘口氣的地方吧。

坂上導演稱這種能安心的場所為「庇護所」（sanctuary），她說，要讓無法談論自己的人開始談論、讓總是說謊的人開始能用「I」為主詞傾訴，需要一個空間發揮功能，讓大家覺得把自己暴露出來也很安全。正因為TC的圈圈具備了「庇護所」的功能，才成為大家能夠獲得新言詞的場所。

幼教領域有一個詞叫做「安全基地」（secure base），這是美國心理學家瑪莉・安斯沃斯（Mary Ainsworth）所提倡的概念，認為孩童身心健全的發育，需要一個能安心從外界回來的基地。這裡的安全基地，指的是跟父母或養父母等在身邊照顧自己的大人間的穩定關係。「庇護所」應該也一樣，與其說是物理上的空間或場所，不如說是與在那裡的人之間的信賴關係。

建立在網路上「同感」（＝sympathy）的關係，無法成為庇護所或安全基地，運用爾文・高夫曼的「印象管理」概念就很容易理解其理由。「印象管理」的概念是，只要是人，為了讓在社會各種場合演出的角色更像一回事，在「舞台」上管理自己的形象。例如，透過環境（佈置家裡、房間、見面場所）、外表、跟他人交流的方式等，來設計映照在別人眼中的自我形象。

這個「印象管理」，正是社群網站上溝通的基礎。在家也要找看起來最酷的地點、不然就是在很美的咖啡店等，裝扮漂亮、睜大眼睛嘟著嘴拍美美的照片上傳到ＩＧ，將自我設定為正義派、冷笑派、偶爾還會說個笑話的幽默人設，配合形象，寫一百四十個字的推文。網路正是設計個人整體形象的場合。而共鳴的「讚」越多，追蹤人數增加越多，就表示這個人的「印象管理」越成功。

不過，這種自我行銷大戰的場所，已經失去了作為演技媒介的肉體，只剩相互展現個人形象的終極「舞台」，是不可能成為庇護所的。

在社群網站之所以難以培育同理心，是因為這樣的平台過於適合「印象管理」。在這裡，與平時生活中跟人接觸時不同，可以不必讓人看到任何不想被看到的一面。在總有無數觀眾存在的場合，連對人說的話、闡述關於他人時的言詞，都會成為自己「印象管理」的一環，當每個人各自忙於設計自己整體形象時，「後台」那個人就顯得無關緊要了。

社群網站之所以充斥了許多我們日常生活中令人難以置信的負面言詞，與其說因為能夠匿名留言，不如說正是因為它純粹就是個「舞台」，只重視「自己看起來如何」，而無法將他人視為一個完整個體，導致同理心功能衰竭。明明同理心的「讚」被一按再按，卻還是容易成為同理心荒野的場所，這就是社群網站，不是嗎？

歸屬性與「真正的自己」都是一種束縛

相對的，現實日常中的「印象管理」就比較困難了。常常可以見到網路上給人印象很強勢、想說什麼就說什麼的人，實際上見到面，驚訝地發現他態度十分謙虛、謹小慎微。現實場合中的人際關係，「印象管理大戰」的要素會沖淡許多，取而代之顯得重要的，用高夫曼的定義來說，就是「作為禮儀的相互行為」。關於這一點，入江公康《現代社會用語集》敘述如下：

沒有人會在進入百貨公司時，心虛地四處張望，只差沒講「我要來順手牽羊了」，表現得像個「可疑人物」。每個人都會表現得像是準備購物的「標準客人」。

我們就這樣扮演著彼此的角色，拼命地一起支撐著日常生活、進一步也支撐了社會。若不如此，秩序將毀壞。所謂的社會其實如此脆弱，這才是高夫曼想表達的。

「作為禮儀的相互行為」則是其儀式版本。社會靠著儀式支撐，例如打招呼是大家每天不經意從事的禮儀行為之一。當有人打招呼「早啊」，回覆「早，今早天氣不錯」是固定的模式。如果這時候回覆「Fuck!」會發生什麼事？

但這時回覆「Fuck!」，也可以說那是一種叫做「破壞人格形象」（Breaking Character）的演技。我們越是相信某處存在著真正的自己，越會覺得進行禮儀式行為的自己很虛假，也難怪想罵句「Fuck!」，不過，這說不定又是在扮演社會中存在一定數量的反叛者角色。

在這個思維下，我想起的是阿敏．馬盧夫（Amin Maalouf）的著書《致命的身分》（*Les Identités meurtrières*）。這本書寫的是稱為歸屬性的身分，他說明歸屬性像是描繪在我們皮膚上的圖樣。以我自己來說，我的生活中繪著日本人、移民、女性、母親、從事寫作、住在歐洲的亞洲人等各種群體的模樣。不過，馬盧夫主張，即使如此，「我」這個個人的身分只有一個，因為包覆我們的皮膚只有一層，我們在生活中並不是包著好幾層皮膚、同時過著複數的人生。

也就是說，歸屬性的身分只不過是包覆各人的皮膚上繪的複數圖樣之一，而正因為這些圖樣的排列組合每個人都不同，所以我們每個人都是獨一無二的存在，而這些圖樣的集合體，我們稱之為「個體身分」。然而，卻有人將只不過是畫在皮膚上的圖樣之一誤認作自己的身分、或是有人強加於己時，我們就會殺人、引發戰爭。這便是阿敏．馬盧夫的主張。

我認為這也可以平移到戲劇構作方面。我們有各式各樣的面孔（也可說角色），例如某一位醫師同時可能是某人的兒子、父親、鄰近地區組成的橄欖球隊的一員或公園園藝志工成員等。根據不同時間，他扮演醫師、父親或是在公園割雜草的友好叔叔。他這個「個體」是那些面孔的集合體。既沒必要認定哪一個才是「真正的自己」，也輪不到誰為他決定「這才是你的真面目」。

這一點在穿上別人的鞋時，會是非常重要的認知。在某個特定狀況下，不管一個人的臉看起來是什麼樣子（醜陋、美麗、溫柔、非人性、正確、充滿惡意），終究只是他的其中一個面孔。我們不該忘記、或是刻意否定他一定還有別的面孔（角色）。人是社會中扮演各式各樣面孔的集合體，因此，去認定「這才是那個人的真面目」，這種想法不僅偏頗，還相當危險，因為這跟鎖定於其中一種歸屬性身分的情況一樣，會帶來憎惡、暴力或悲劇。之所以會出現像「這種傢伙最好處以極刑」（也就是殺了他）這類極端想法，應該也屬其中之一。

這個觀點似乎也能成為解決「髒鞋、臭鞋我不想穿」這類問題的線索。即使有人穿的鞋子看起來很髒、很臭，或許只是看他的其中一張臉，就主觀認定這種人的鞋子一定很髒很臭而已。搞不好人所穿的鞋子（或許那就是所謂的「人生」）本身，並沒有臭、髒這些特性。

據說，《監獄圈》的坂上導演現在在推特試圖推廣「同理心的連鎖」。在一連串的推文中，有一則是這樣寫的：

好幾年前，電車裡有個怯懦的國中男生，被另一個人壓著又晃又掐脖子。我對那個欺負人的男生說：「不要這樣，如果是我，會很討厭別人這樣弄我。」然後我接著說：「不過，你也很痛苦吧，學校跟家裡，都不好過吧」，他鬆了手，原本臉上緊張的表情也消失了。

這則推文，前半跟後半完全是空中飛人式的大轉折，但是很有坂上導演的風格，她相信不經意的一句話就能遏止虐待或霸凌，相信言詞具備這種力量。面對欺負怯懦男生的中學生，她之所以能說出後半的話，正是因為她清楚人這種生物是複數面孔的集合體。

從「真正的自己」、「真正的某人」這種概念獲得解放、跟從歸屬性身分只有一個這種主觀認定中解放很相似。

跳脫「必須是唯一」、「當唯一的一個是美好的」這種主觀認定，如此一來，或許人們就不必拘泥於自己那一雙鞋，能夠為了穿別人的鞋而脫下自己的鞋。

言詞能夠成為那個契機。在言詞當中，潛藏著能溶解刻板印象、賦予人自由的無政府力量。

而它不久後也能成為一種眼不可見的有機體，如病毒般溶化社會全體、讓社會變貌。

第 3 章

為經濟灌注同理心

共鳴經濟

「共鳴經濟」（The Empathy Economy）的概念近年在歐美有許多人熱烈討論。日文中empathy被譯為「共感」，所以這個詞似乎也被譯為「共感經濟」，中文譯為「共鳴經濟」，參考《新聞精選》（NewsPicks）[10]中家入一真與齋藤隆太的對談報導〈「共鳴經濟」真實嗎？〉（二〇一八年十二月十三日）定義如下：

一種以他人的共鳴或信賴關係為基礎而營運的經濟樣式，其中流通的是個體間或在社群關係中存在的特有「價值」。被採納的價值中，有許多以往未被視為資本的情感、評價等情感要素，利用網路、區塊鍊等ＩＣＴ技術實現的案例也越來越多。類似的意思，也常使用將感謝價值化的「感謝經濟」。

另一方面，在《電腦世界》（Computerworld）[11]的美國網站，針對「共鳴經濟」的解說如下：

所謂「共鳴經濟」，是由能偵測出人類情感並加以模仿的ＡＩ所創造出的貨幣或商業價值，這種能力，能夠完全改變客户服務、虛擬助理、機器人技術、工廠安全、醫療保健及交通運輸。

〈企業、情緒以及「共鳴經濟」的崛起〉（Enterprises, emotion and the rise of the 'empathy economy'）——邁克・埃爾根（Mike Elgan）

前者有點曖昧不明不易懂，不過後者則具體點出同理心能如何運用在經濟方面。也就是說，它直接寫出是利用ＡＩ來評估共感及信賴關係等看不見的事物進行商務活動。

例如，聽到「建立在與他人共感及信賴關係基礎上的經濟」，在企業中應該會立刻想到客戶服務。根據人工智慧公司Cogito委託市調公司弗若斯特沙利文（Frost & Sullivan）進行的調查，顯示百分之九十三的調查對象（企業）進行客服處理的應答會影響到客戶對該企業的印象。跟顧客溝通時需要的無疑是同理心。

前一章提到，英國一間托兒所給孩子看各種表情人們的照片，問「這是什麼時候會露出的臉孔？」之後，教保員讓孩子們做出跟照片相同的表情，進行理解人類感情表現的訓練。不過，其實ＡＩ似乎更擅長這項任務。俄亥俄州立大學開發了一個程式，可以從照片中拍到

10 日本的一個經濟新聞網站。它成立於二〇一五年四月一日。該網站有兩個版本：日文版網站主要報導日本的新聞；英文版網站主要報導美國、英國等國的新聞。

11 是一個在美國出版的訊息技術媒體和雜誌，該媒體原本發行紙質版，二〇一四年開始以數位化形式出版。

的二十一種面部表情中偵測出每個人表達的情緒。該大學的研究人員表示，他們開發的ＡＩ系統可以比人類更準確偵測出他人的情緒。

此外，ＩＴ領域的調查、高德納諮詢公司（Gartner）也預測在二〇二二年之前，情緒人工智慧（Emotion AI）將發展到比家人或親密關係更能準確掌握一個人的情感和情緒。ＡＩ在情緒訊息處理領域的發展已有如此驚人的表現。

不過，仔細想想，ＡＩ比有血有肉的人類更能正確掌握住他人情緒，這件事並不奇怪。當我們試圖對他人啓動同理心時，很難完全摒除一己經驗或思想的問題。因為只要是人，無論如何就是很容易立足在「如果是自己在那個立場的話一定會有這種感覺」的「自我價值觀」上，往往無法從事開放且平等的考察。這也是前一世紀中葉那些心理學家說過的，將一己投射於對象身上的同理心並非真正的同理心。

相對的，ＡＩ並不具備人類的人生經驗及思想，所以能夠不被「自我價值觀」或「如果是我的話」所蒙蔽，能夠中立地讀取他人的情緒。ＡＩ的同理心也不會有「這麼髒的鞋我不想穿」這種先入為主的觀念。也就是說，在empathy分類上所謂「認知性同理」的這個領域中，比起人類，ＡＩ的能力更强。

在思考這些之際，我想到的是保羅．布倫《失控的同理心》中關於病態人格的論述。布倫主張，世間認為「認知性同理」能成就善行，對此給予了過高的評價。他說明理由：「總歸一句話，能準確讀取他人欲望或動機的能力，是病態人格總是能夠順利逃脫法網的特徵。」他說，同理心這種能力，並不總是被用在為善助人方面，也有人利用這種能力進行殘暴行為或剝削他人。

這個論點，也適用於試圖將同理心用在經濟方面的行為。共鳴經濟這個名稱，聽起來像是一種體貼的經濟或人道的經濟，但實際上，它也可以是一種準確讀取他人內心，並操控、剝削他人的經濟。

例如，在英國舉行是否脫歐的公投時，領導脫離派宣傳活動的多明尼克·康明斯（Dominic Cummings）[12]，在數據分析師的協助下，使用先進的演算法巧妙操控社群網站，鎖定從未投票過的選民，展開脫歐宣傳活動，這件事廣為人知。據說他透過剖析網絡彼端那些人的偏好及想法、發布針對個人有效的「客製化資訊」，以這樣的數位資訊戰帶領脫歐派贏得勝利。這也是利用穿上他人的鞋、想像對方的想法和感受同理心的例子。前英國首相卡麥隆（David Cameron）形容得很好，他說康明斯是「職業的病態人格」。

而同理心被惡用在商務上的例子，還有「I Sea App」事件。「I Sea App」是一個能從自家

12 曾擔任英國首相鮑里斯·強森（Boris Johnson）的高級顧問，以幕後操控首相聞名，被稱為「英國的拉斯普丁」（Grigori Rasputin）。

客廳參加的救援應用程式，曾獲路透社及《連線》（*Wired*）等媒體報導。總部位於地中海島國，馬爾他共和國的移民離岸援助站 MOAS（Migrant Offshore aid Station），於二〇一六年發布了這款應用程式，可從地中海衛星影像中搜索載有難民的船隻。開發者為國際廣告傳播葛瑞集團（Gray Group）新加坡分公司。宣傳的內容是只要啓動應用程式，就能協助發現渡過地中海的難民、甚至可以幫忙營救冒生命危險渡海的難民。使用者會分配到地中海的某個區域，然後從該區域的最新衛星影像中搜索載有難民的船隻。

根據聯合國發表，二〇一五年，由於難民船翻覆，造成男童死亡，這張照片帶給全世界衝擊；二〇一六年一艘走私船在利比亞海岸翻覆，可能造成七百人死亡。此時期上架的「I Sea APP」，目的完全是要喚起人們的善意。不過，在不久後證實了這個應用程式是假的，Apple 的 App Store 也立即將它刪除。大家拼命尋找難民船的影像，然而影像中的地中海並非即時同步，而是一成不變的海洋照片，原本應該能即時反映地中海南部的氣候，也發現完全不符合。《網路錯覺：網路自由的陰暗面》（*The Net Delusion: The Dark Side of Internet Freedom*）一書的作者，科技作家葉夫根尼．莫羅佐夫（Evgeny Morozov）將這些案例稱為「同理心清洗」，意指利用同理心這種帶有人道印象的詞彙來洗淨骯髒的買賣。

大家會被這種虛構人道主義吸引，或許顯示了大家想藉由自己的參與來改變世界，也或許暴露了一種天真的期待，認為科技可以像魔法般神奇地解決世界上所有的問題。不過，科技與資本是無法切割的，因此，大家的善意，有時會淪為只圖中飽私囊的賺錢生意或詐欺買賣所利用，以一齣愚蠢的鬧劇落幕。共鳴經濟之所以可疑的原因就在此，事實上，無須動用高級演算法或科技，應該也能在經濟中注入同理心才對。

利他即利己

在思考這一點之際，也試著反向思考完全欠缺同理心的經濟是什麼樣貌就有意義了。其實也用不著想像，因為在因新冠肺炎而封城的英國各處，就能親眼目睹。

首先是全國各處城鎮的超市光景。

在日本國內疫情嚴重擴散前，當時英國感染人數還是個位數，大家看到日本遊輪的新聞報導，嘴裡說：「亞洲慘了」，早在那個時間點，就已經有東西開始從超市貨架上消失了——用來殺菌、清潔手部的乾洗手液。媒體開始報導後，更刺激了民眾囤貨，雖然專家在電視新聞節目中呼籲：「用一般肥皂頻繁洗手即可，並不是非用殺菌凝膠不可」，但超市也好藥房也好，皆全面缺貨，生產供不應求。

接下來，一、兩週後，輪到衛生紙賣光。當出現義大利疫情爆發的報導後，又接著出現因恐慌而造成的食材（特別是儲備糧食類）大量採買潮。這種一般家庭的囤貨型採買，正顯示出缺乏對他人及社會全體的共感想像將帶來的後果。例如乾洗手液，因為不需一一沖洗，就能瞬間進行手部殺菌，在醫療及幼教場合才是不可或缺的，這也是我很熟悉的情況，當必須盯著著孩子們時，如果擅自離開前往有洗手台的房間，室內教保員的人數就可能不符法定人數比的基準，所以動彈不得，這種時候，比方說用面紙幫流鼻水的幼兒擦臉後，也可以當場進行手部殺菌，非常方便。而一般家庭自主隔離的民眾，隨時都可以在需要的時候去有洗手台的地方洗手，即使沒有乾洗手液也不至於困擾。如果能想像護理、幼兒、看護等必須面對較高風險棘手狀況的現場工作人員的日常，就應該知道，啊，真正需要乾洗手液的另有人在。

話說回來，大前提是乾洗手液也好、衛生紙也好，如果真心恐懼病毒，想防止感染大爆發，與其大量搜購、讓這些東西躺在自己家中櫃子裡，不如讓世間大眾有得用。自己買起來放、阻斷通路，害世界上有更多手部或臀部不清潔的人、導致公眾衛生惡化，反而製造出傳染病容易蔓延的環境。也有人說「非常時期，人們變得自私也是沒辦法的事情」，問題是，當那些自私自利的行為，反而陷自己於危險中，那麼就只是搞錯了求生方式，總不能用一句「沒辦法」而讓大家自生自滅吧。

囤積食材也一樣，自從有關於自主隔離及封城的報導之後，大家開始買的都是能夠長期保存的食品，常溫而能長期保存的食品，像是保久乳、罐頭、義大利麵之類的。而有些場所平時就都購買這些食品提供給大眾，那就是食物銀行。貧窮階級的人，往往生活在房內沒有冰箱的環境、或是遭斷電等拮据的狀況，而食物銀行也多半沒有巨大的冰箱，基於衛生及安全考量，適合長期保存的食品是他們的主要提供品項。如果一般人基於恐慌，大量購買囤積，食物銀行就無法確保足夠的食品。大眾擔心自己將來沒有食物可吃，結果奪走了目前沒東西可吃的人的食物。

這種行為，不僅是「不體貼」，可說是典型「搞錯求生方式」的例子，因為沒有考量到造成貧窮階級的人連飯都沒得吃、體力衰退、陷入容易感染狀態的風險。有些疾病，低所得的人比高所得的人更容易罹患，世界衛生組織（WHO）稱之為「貧窮的疾病」（diseases of poverty）。報告指出，低所得國家（發展中國家）死於傳染病的人口比例遠遠高於高所得國家，原因包括「營養不良」、「惡劣的居住環境」和「貧困循環」[13]等，在現在這個居住於同一個國家的人之間，落差也如此顯著的時代，「貧窮的疾病」的原因也適用於已開發國家的貧困階級。那麼，當目標是防止傳染病大爆發時，該做的不是拿走低所得階級的食物，而是將重點放在對這個階級的支援上。

這樣想就會發現，基於恐慌的大量購買，乍看之下是非常利己的行為，事實上完全幫不到自己，因為這樣的行為對社區全體毫無貢獻。像傳染病這種不改善整體社區就會蔓延的疾

13 指連續幾代都處於貧困中。

病，必須具備想像力，想像個體的舉止會如何影響到群體，再付諸行動，否則最終個體的不幸（遭到感染而重症化）將會直接掉在自己頭上。

穿上他人的鞋、在考量他人的立場後行動，最終自己也能受益。也就是說，這裡浮現了「利他即利己」這種悖論性的連結。

當有人說「請為他人著想」或「請幫助弱者」時，話題往往容易朝浪漫主義者或人道主義無法拯救世界的方向發展，事實上，利他更能帶來利己的結果。至少世界上是這樣成立的，而生物就是依循這個法則始得以存續至今。發表此番言論的，正是克魯泡特金（Pyotr Alexeyevich Kropotkin）[14]。他的《互助論：進化的一個要素》（商務印書館），多半被用來談論關於在地的互助網絡和微小區域單位的社會活動，但觀察這次的新冠肺炎危機，會發現也符合經濟理論。

大量購買乾洗手液或衛生紙、囤積在櫃子裡，因而減少市場流通量，這樣的行為，跟把目前不用的金錢大量存入銀行戶頭，導致經濟停滯，其實極為相似。大家都為了自己存錢，存得越多，經濟活動就縮得越小、造成景氣停滯，流入大家手裡的金錢就越少，造成共同體整體的貧窮。這種惡性循環，通貨緊縮的經濟狀況持續幾十年的日本就是個活生生的例子，展現在全世界眼前。（實際上，英文裡表達長期經濟停滯和通貨緊縮，甚至會用「Japanification」這個詞彙。）

這也是立意在因應未來自己的不時之需，認為採取了利己的措施，事實上卻造成通貨緊縮、減少自己的收入，結果完全不利於自己的一個例子。「花錢（＝消費）」這件事，動不動就說是資本主義的奴隸、或是受消費社會荼毒之類的，其實同時也是非常利他的事，因為讓錢離手，錢就會流通到別人手裡，而不放手任其流通的，也不會流回自己手中。

What goes around comes around.

這句諺語，在日文中往往譯作「因果応報」（因果報應），不過也有付出的必定會回來的意思。「カネは天下の回りもの」（金錢循環於天下）這句日文諺語，其實相當克魯泡特金。

婆羅門左翼人士存在「同理準確度」嗎？

當新冠病毒疫情終於得以控制時，對世界而言，必然會成為真正的災難的便是經濟。由於封城，帶來政府主導的需求緊縮及供應鏈斷鏈，人員和貨物也停滯不前，在各領域造成的經濟影響極大，在美國，失業保險申請三週內超過了一千六百萬件（美國勞工部發布

14　俄國活動家、作家、革命家、科學家、經濟學家、社會學家、歷史學家、散文家、研究者、政治學家、生物學家、地理學家、致力於提倡無政府共產主義的哲學家。

於二〇二〇年四月九日），有人認為經濟大蕭條已無法避免。如此一來，各國政府首先要保障民生，安撫焦慮，防止經濟跌落谷底，這就是各國相繼宣布承諾大規模財政支出的原因。

英國宣布，政府將為所有企業負擔被迫休假員工薪資的百分之八十，支付每人每月最高兩千五百英鎊（約新台幣九萬六千元）的費用，不論企業規模大小、營利或非營利。就連原本率先在歐盟實施財政緊縮政策的德國，也時隔七年首次解除發行新國債的禁令，制定追加預算支持中小企業，改變了原本「總之優先償還國家債務！」的財政健全化第一方針。歐洲中央銀行和英格蘭銀行也相繼宣布擴大量化寬鬆[15]和緊急降息。

我從二〇一四年到二〇一七年，曾在Yahoo!新聞個人台網站介紹過被稱為「反緊縮派」的歐洲政治勢力動向；二〇一八年我也在和經濟學家松尾匡教授、社會學家北田曉大教授的對談書《是左派該談論「經濟」的時候了》（そろそろ左派は〈経済〉を語ろう）中，訴求日本也需要反緊縮的左翼勢力。

所謂反緊縮派的主張，指的是各國政府應避免緊縮財政（優先考量財政整頓，透過削減財政支出或提高稅收）造成一般庶民生活貧困，而是大膽放手擴大財政支出，拯救貧困階級、緩解中間階級的不安，否則就可能讓在歐洲各地出現的極右政黨更加抬頭。

諷刺的是，由於新冠病毒疫情擴大，過去反緊縮派一直高聲抗爭的主張漸漸得到認同。以往，只要主張「比起財政重建、更重要的是人民的生活」就會被罵「白癡」、寫出「發行國債並非壞事」，就會被鄙視為「撒旦」，疫情下的世界，正要轉向這些「白癡」和「撒旦」的經濟政策（寫下這些的時間點還不知道日本如何就是了。）

難以理解的是，一直以來，像梅克爾（Angela Dorothea Merkel）那些口口聲聲主張健全的財政才是國家經濟安定基礎的政治家，為何面臨恐慌危機時，卻試圖罔顧財政健全化？若真認為不減少財政赤字，國家經濟會被拖垮，那麼一般而言，不是應該認為背棄這個方針會招致經濟更混亂，帶來嚴重後果嗎？

當然也可以解釋為，這是方針的改變，將這次視為例外的危機，因此判斷是時候該放棄長期性的經濟穩定，藉由大規模財政支出，撒錢拯救末端人民及中小企業了。但，若真是這樣的話，就變成這些政治領導者過去一直不認為庶民及中小企業陷入經濟困境，因此沒有拯救他們的必要性。關於這一點，我以前就察覺到，對反緊縮存疑的人，多半會說「不，現在沒有不景氣，所以不需要這樣的政策。」每當聽見這樣的言論，我就會想起描寫一九〇二年倫敦貧民窟的報導文學《深淵居民》（*The People of the Abysss*）中也是，親眼目睹淒慘貧困景象的傑克．倫敦（Jack London）寫道：「我調查的這段時期，在英國當時一般都認為『景氣很好』。」

15 量化寬鬆（Quantitative Easing）屬於一種貨幣政策，簡稱QE，目的是當官方利率為零的情況下，央行仍繼續挹注資金到銀行體系，以維持利率在極低的水準。

在貧富差距懸殊的社會，就算富裕階級感覺很「景氣」，對於中間階級和貧窮階級而言，世間卻是「不景氣」的。

以《二十一世紀資本論》（*Le Capital au XXIe siècle*）聞名的托瑪·皮凱提（Thomas Piketty）指出，如今左派是知識菁英分子，右派則是商業菁英分子。在印度的種姓制度中，上層種姓分為祭司、知識分子（婆羅門）、軍人和商人（剎帝利／吠舍），而皮凱提主張現代歐美的左派／右派也類似這樣的結構，也就是說，無論左右派都由菁英分子組成，已無法掌握庶民生活的實際樣貌及市井小民的感受。一旦我們意識到新冠疫情將大幅縮小經濟規模，發生全面性的影響（也就是連高收入的人也受到波及），左右派就都一致能夠理解，為克服這種狀況，反緊縮政策是必要的。那麼，這顯示出，之前大家並不認為社會中存在必須突破的現代婆羅門、剎帝利和吠舍。

這不正是對他人感受的想像力之匱乏嗎？左翼婆羅門也好、右翼剎帝利也罷，如果他們具備正確想像他人情況的能力（心理學領域意指認知同理時的「同理準確度」），他們就應該能夠在有人餓死、孩童貧困率提高時，停下腳步，思考「為什麼？」想像他人的狀況，察覺「現在沒有不景氣」是眼光非常狹隘的見解。他們應該要說，部分感覺上景氣似乎不錯，但其他地方是不景氣的。

狗屁工作與照護階級

這次新冠疫情中，那些歐洲首領最恐懼的就是醫療崩壞。歐盟各國自二〇〇八年雷曼危機[16]以來，為穩定財政，實施緊縮財政成為義務，必須恪守嚴格的財政紀律，並削減公共支出。因此，醫療方面的財政支出也遭刪減，基礎建設萎縮、老舊，醫院在人手極度不足的情況下勉強營運，許多國家甚至早在疫情前就處於明顯的困境中。疫情嚴重爆發的義大利，在二〇〇〇年原本是世界第二名的水準（世界衛生組織調查），世界金融危機之後，由於遵守歐盟財政紀律，大幅刪減醫療費，在提升效率這個課題下，醫院進行合併、統整，床位和醫生已陷入長期短缺的情況。

在這種情況下，爆發了疫情。政府發布實際外出禁令、剝奪民眾的自由，用「保護醫院、保護生命」這種口號來正當化，說到底，各國政府及歐盟若能更早察覺保護醫院的重要性，醫療制度就不至於脆弱至此。新冠肺炎病毒被冠冕堂皇拿來當成醫療崩壞的理由，但問題早在更久以前就存在，財政緊縮已經造成醫療無法正常運作。

諷刺的是，政府為減少財政支出，凍結工資及縮減人力，重創醫療相關人員，卻在此刻

16　美國第四大投資銀行雷曼兄弟由於投資失利，在談判收購失敗後宣佈申請破產保護，引發了全球金融海嘯。

將醫護人員譽為英雄、大大讚賞，令人懷疑他們怎麼有臉說得出口。

不是只有他們，現在負責支撐社會、大家突然聚焦、加油打氣的對象，是含醫療相關人員在內、被稱為「關鍵崗位工作者」（key worker）的人，而這些人，幾乎全是以往領低薪的工作者。除了教員、警察、消防人員、社工等公部門職員之外，教保員、照顧服務員、超市店員等也屬於「關鍵崗位工作者」的範疇。英國的學校原則上已封鎖（二〇二〇年五月當下），但只有父母屬於上述職業的孩子例外，需要每天到校上學。

演變到這個局面，我們會發現，是誰在提供社會真正必要的服務。大衛・格雷伯（David Graeber）把即使消失在世界上也沒人困擾的工作稱為「狗屁工作」（bullshit jobs）[17]。「Bullshit」直譯是「牛糞」，英辭郎（英辞郎）[18]網站譯為「戲言、胡言亂語」或是「毫無價值之物」。劍橋英英辭典網站的定義是「完全的無稽之談、不真實之事」，「bullshit」當作動詞使用時的定義則是「企圖透過並非事實的話語說服他人、或圖他人之讚賞。」

也就是說，格雷伯所謂的「狗屁工作」，是「試圖做一些無關痛癢的事來說服別人自己有所建樹的無意義工作」，照他的理論，從櫃檯人員、秘書到人事、管理階層、公關，幾乎在辦公室工作的所有人都符合這個敘述。他說，企業律師、說客、執行長、公關研究員等，成天忙於會議、簡報資料的白領階級，是一個無止盡生產出不必要的無謂工作的集團，一切只為了製造出自己能繼續工作的理由。

因此，從事「狗屁工作」的人，即使轉為在家工作或進行自主隔離都不會直接造成社會的困擾。但關鍵崗位工作者不同，即使身處感染病毒的危險中，依舊冷靜繼續照顧病患的護理人員、當同事必須自主隔離，導致自己工作量幾乎難以負荷，仍然笑臉迎接關鍵崗位工作者子女的教保員等，新冠危機讓我們清楚看見了哪些工作不是「狗屁工作」。

格雷伯將這些工作者稱為「照護階級」（Caring Class），據他說，主要是醫療、照護、教育等領域的工作者，直接照顧他人（病患、高齡者、孩童等）的那些人。二〇一九年十二月，工黨在英國大選中慘敗後，格雷伯發表了一場演講，題目是「從管理型封建主義到照護階級的反抗」（From Managerial Feudalism to the Revolt of the Caring Class.），在演講中，他提出了一份數據，顯示過去三十年當中，從事人口增多的領域有二。第一種是行政、管理、監督，第二種就是照護（在此，格雷伯定義的照護工作包含教育和醫療。）相對的，製造業從事者減少，零售、飲食從事者人數則維持不變。行政、管理、監督在格雷伯理論中就是從事「狗屁工作」的人，而照護階級的人則從事著實際上對社會大眾有貢獻的工作，但狗屁工作的報酬較高。

自金融危機以來，不知為何，大眾開始抨擊教員等以社會服務為職的人，說什麼「只是

---

17 出自《40％的工作沒意義，為什麼還搶著做？：論狗屁工作的出現與勞動價值的再思》商周出版。

18 是一部由名為 Electronic Dictionary Project，簡稱ＥＤＰ的口筆譯者團體編纂的英日、日英對譯電子辭典。

教教小孩、薪水領太多了。」格雷伯說，這些人可能是因為知道自己的工作其實毫無意義，做不做都沒人困擾，所以對從事有意義工作的人感到憤怒。他闡述，明知自己做的事沒有必要，卻在意主管的眼光，不能太早回家，只好假裝有事做，每天一事無成虛度光陰，這種生活多麼悲慘。格雷伯說，他們可能因此產生了錯亂扭曲的想法，認為「從事有意義有價值工作的人，不需要連金錢報酬都在乎吧。」

他還認為，鑑於英國大選的結果（格雷伯支持的是工黨黨魁柯賓），過去的左翼政黨（以英國前首相布萊爾、美國前總統柯林頓、美國前總統歐巴馬為代表）成了過去三十年從事人口增加領域的代表性發言者，而另一個領域則一直遭到忽略。

現在，疫情擴大，一再衝擊歐洲，真正維持社會運作、得到大眾喝采的「關鍵崗位工作者」，就是這些「照護階級」的人。面對這個事實，即使不是格雷伯，也無法不感受到歷史走向的轉變吧。

前述格雷伯的演講中，令人感動的是他明確指出「照護」與「自由」的關聯性。他舉了監獄為例來說明：監獄提供囚犯食物、衣服，生病時給予治療，但是我們不會把監獄為囚犯做的事稱為「照護」；相對的，父母為子女做的事（提供食物、衣服，生病時給予治療）就是「照護」。為什麼呢？

格雷伯說，那是因為父母照顧子女，是為了讓子女能夠遊玩。他繼續論述，遊玩是一種自由的極致，人是為了賦予對方自由而提供照護。護理人員照護病患，是因為把疾病治好後，病患就能夠自由走動；照服員抱著高齡者坐上輪椅，是為了讓臥床的高齡者從床上獲得解放、得以自由外出；教學人員傳授各式各樣的知識給孩子們，是為了讓他們成長、離開學校、自由地活下去。

如此看來，我們可以說，人與人一生相互照護，這樣的世界是一個人與人相互賦予自由的世界。這樣的世界，比「狗屁工作」的封建制度開心得多，而且，至少這個願景更適合「共鳴經濟」一詞。

這時代更需要禧年[19]的思維

談到格雷伯，他同時也以著書《債的歷史：從文明的初始到全球負債時代》（商周出版）聞名。關於執筆此書的契機，他在「債務：第一個5,000年」（Debt: The First 5,000 Years | David Graeber | Talks at Google）這支影片中做了以下說明。格雷伯有一次受邀參加西敏寺的花園派對，牧師向他介紹了一位女性，她是律師，也是在區域社會參與各種活動的行動主義者，因此牧

19 「禧年」（Jubilee）一詞是源於聖經的猶太節日，現在經常用來表示君主統治的慶祝活動。在非裔美國人文化使用「禧年」，慶祝從奴隸制解放的慶祝活動。

師認為她跟「無政府主義者」格雷伯應該會志氣相投。兩人聊到自己投入的活動，格雷伯開始談論他參與的全球正義運動，攸關國際貨幣基金組織（ＩＭＦ）的結構調整政策。格雷伯在馬達加斯加待過兩年，國際貨幣基金組織施壓逼迫馬達加斯加實施財政緊縮，來換取延長債務償還期限，馬達加斯加進行了各種預算削減。其中之一是取消高原地區根除瘧疾的援助計劃，結果導致將近一萬人死亡，據說其中至少有五千人是孩童。當他這樣告訴這位行動主義者律師，對方以同情的態度傾聽，不過，格雷伯在影片中說，對方問他：

「所以身為一位運動人士，你原本打算怎麼辦？」

「我們正在推行『免除債務』運動，一個叫做『二〇〇〇年大禧年』的運動。」[20]

他如此回答，對她說南方開發中國家的債務應予免除。但是，她對此的反應如下：

「可是，他們借了錢啊，借了錢的人必須還錢。」

她的語氣過於理所當然、毋庸置疑，格雷伯說他受到很大的打擊。

身為運動人士，格雷伯當然早就設想好幾種說法來回應這種場面，像是獨裁者將應拿來償還債務的財源據為己有，導致無法償還、或是已經償還了二十次，但利息卻已經累積成令人難以置信的金額等。但是，格雷伯之所以驚訝到連這些理由都說不出口，是因為這位看起來人很好的行動主義者女性律師，竟然在自己內心將這件事正當化，認為幾千名嬰孩喪命，若是為了償還債務也無可奈何。其他還存在任何理由，能讓人覺得不得不為此犧牲幾千名嬰孩的性命嗎?大概沒有。也就是說,負債這個概念,在她心目中擁有正當化的力量,若非有負債理由,完全無法想像自己能夠容許如此慘無人道的事,但負債卻足以讓她容許。

於是,格雷伯開始思考所謂的負債究竟是什麼,縝密研究其起源及歷史,撰寫了《債的歷史》這本書。自稱無政府主義者或研究無政府主義的人,經常提出諸如「免除債務」或「倒債有理」等挑釁的口號,聽在不清楚原委的人耳裡,很容易覺得「那些人又在講些不負責任的話……」然而,其實背後的中心思想存在像格雷伯上述影片的思維。

而此刻,在新冠疫情擴大的當下,歐洲政治領袖現在被迫改變經濟政策,我們更需要憶起這樣的思維。

其理由在於,一些有識之士認為,即使在全球疫情蔓延當中,政治領袖也不會就此擺脫債務償還道德的詛咒。希臘前財政部長雅尼斯・瓦魯法克斯(Yanis Varoufakis),同時也是《爸爸寄來的經濟學情書:一個父親對女兒訴說的資本主義憂鬱簡史》(大寫出版)及《房間裡的大人:我與歐盟、歐洲央行、國際貨幣基金組織的大債角力戰》(八旗文化)的作者,針對歐洲領袖們的財政支出承諾,在日本鑽石社線上商務資訊網站「Diamond Online」中寫道「大概只是祭出引人矚目的數字、吹捧一番,就無疾而終了。」(二〇二〇年三月二十五日)

20 作者註:禧年是猶太史上的禧年(Yovel)。舊約聖經中記載的這五十年一度的聖年當中,奴隸得以獲釋,債務得以免除。

瓦魯法克斯在提到德國的新冠疫情補助措施金額時也毫不留情面：「宣稱是『火箭筒』，仔細一看，不過是『水槍』而已。」他甚至做出令人可怕的預言：「經濟低迷比德國嚴重、為此所苦的各國（例如義大利或希臘等）財政部長，當然會試圖推動必要的擴大財政支出，不過，他們的努力將面臨德國財務部長及歐元集團內他們忠實支持者固執的反對。」

瓦魯法克斯預言，即使在可能發生第二次經濟大蕭條的情況下，歐盟應該還是無法捨棄財政重整主義。這當中或許也顯露出在他擔任希臘財政部長，與歐盟進行債務問題談判時造成的陰影。不過，他預測政治領袖最終會因為無法掙脫償還債務的道義，導致無法拯救因疫情而貧困的一般民眾，而獲得更多支持的將會是極右翼勢力。這預言對住在歐洲的人而言，具有某種說服力，且迫在眉睫。

而與此同時，面對新冠病毒疫情的擴大，各地區展現的互助態度則相當可靠。在我家鄰近地區，也從英國發表封城之前，就組織了為自主隔離者購買食物的團體，以及定期打電話給獨居或僅夫妻兩人同住的老人聊聊天的團體。把手製傳單投入地區各家庭的信箱徵求協助，就得到相當多人的響應，轉眼間就形成了草根志工組織，我想這是英國（而且大概在歐洲各處都可見的）庶民的潛在力量。這正是克魯泡特金的精神、具備同理心社會的樣貌、自底層湧上的力量。光看這一點，也可以清楚看見無政府主義（自我管理的精神）與同理心是有所關聯的。

不過，面臨當前經濟嚴重緊縮，只靠底層的互助完全不夠，運動人士之間已經沒有餘裕像以往彷彿湯姆貓與傑利鼠這樣歡喜冤家式吵架：「源自底層的運動才是真本領」或是「不，從上層遊說才是實際有效的方式。」其實上下並行就好了，必須從中擇一的既定主觀想法正是有害的枷鎖，就像是又重又舊的鞋，讓人難以輕巧靈活行動。

格雷伯說，此刻正是人類需要禧年的時候。

奴隸當中，有些人像照護工作者般，從事的明明是攸關人命的工作（照服員也好、教保員也好，走錯一步就都可能造成其他人的死亡），卻只能領到「shit（狗屎）般的」酬勞，被迫承擔完全不成比例的責任與勞力。同時，也有一些「狗屁工作者」明知自己的業務毫無意義（有時甚至有害），卻長時間被綁住，在精神不良的狀態下度日。不管是哪一方，一下子學貸、一下子稅金，支付的義務總是追得他們喘不過氣，這還不夠，還有人說你們得扛下國家的債務，只能絕望自己生不逢時，唯有像奴隸一樣為了還債而不停工作……總歸一句話，人生完全被債務奪走。

當人生被奪走的人無所不在，整個社會就會變得像殭屍國一樣，這樣一來，當然毫無生氣。政治腐敗也好、地球末日來臨也好，大概也不會有人在乎了，因為大家都被債務逼得喘不過氣來。

這對為政者而言是非常有利的狀況。因為大家都過於忙碌，變得跟殭屍一樣，所以為政者不管犯下什麼失誤、做什麼壞事、都不會有人注意到。只要說是「為了財政紀律」，所以增稅也好、公共服務品質低落也罷，大家都會認為「沒辦法」，忍氣吞聲默默工作，甚至連「不對啊，所以經濟崩潰危機是真的嗎？」這種疑問都不會浮現，因為大家都說，對於上層交代的債務償還，抱持懷疑或是不予履行，都是非常不道德的，甚至不是人。大家渾然不覺自己已經被變成殭屍。

歐洲和美國的反緊縮運動，向來都必須跟「財政紀律」作戰。近幾年的話，例如日本，國債都是以日圓計價，國家發行自己的貨幣，最終只要自己印錢還錢就好，國家經濟無從崩潰（國家無從破產），這種看法終於流傳開來。首先，這是連日本財務省網站上的官方文件都明確記載的事實：「日本、美國等已開發國家本幣計價的國債違約不可能發生」。

若被強迫背負根本不必支付的債務，為此被奪走人生，那究竟是為了誰？為了什麼？時候到了，我們應該擺脫債務奴隸的詛咒，不要再繼續受騙了。我們應該要求為政者為因疫情失去工作、收入減少、需要幫助的人投入難以置信金額的資金。

時候到了，所有人都應該奪回自己過去被狗屁債務剝奪的人生。

第 4 章

她的字典裡不存在同理心

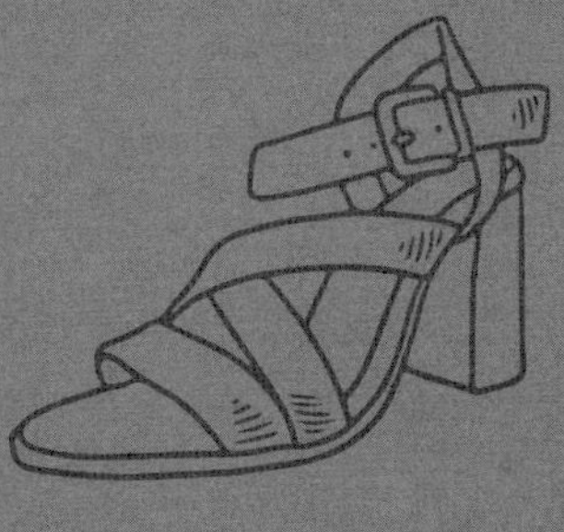

重新研究柴契爾

「她有同情心，但沒有同理心。」（She was sympathetic, but not empathetic）

看到一部紀錄片，出現這句直接點出本書核心的話，令我驚訝不已。所謂的「她」，是指已故前英國首相瑪格麗特・柴契爾（Margaret Thatcher）。在英國廣播公司（ＢＢＣ）《柴契爾：一場真正的英國革命 第一季：第二集 權力》（Thatcher:A Very British Revolution Series 1: 2 Power）這個節目中，柴契爾的私人秘書提姆・蘭克斯特（Tim Lankester）提出這樣的證言。

柴契爾有「鐵娘子」之稱，不過事實上據說她對官邸專屬司機和在自己周遭工作的人非常親切和善，是位體貼的人物。

「官邸，不限於內部，如果加上周遭的人，總共約有近百人在那裡工作。當其中有人的家人發生嚴重問題時，比方說近親過世、小孩罹患嚴重疾病等，我們在告知她之前，必須謹慎考慮，因為只要我們一告訴她，不管當下正在做什麼，她都會立刻停下手上的工作，問我們一連串的問題，像是他們還好嗎、需要聯繫的人是否已聯繫完畢、官邸是否已經盡可能提供最大的協助等。那是她如假包換的真實反應，並不是做做樣子而已，她就是這樣的人。」

柴契爾的另一位前私人秘書尼克・桑德斯（Nick Sanders）這樣說。

而她的保鑣貝瑞・史崔文斯（Barry Strevens）也表示：「她對我而言就像母親一樣，總是會問候我家人。她總是會吩咐我以及執勤的任何人，一定要讓維安人員好好吃飯、不要忘記照顧司機們。」

關於這一點，一九八一年到一九八八年間存在的SDP（社會民主黨）創始人大衛・歐文說，她對周遭這些人很好是因為在官邸工作的都是在各自領域事業有成的人。司機也好、秘書也好，所有人都是獲選在官邸工作的優秀人才。歐文的分析如下：「他們全都是成功人士，因此，當他們遇上問題時，她都可以理解，不管是生病也好、其他問題也好，都在她理解範圍之內。她個性上的弱點、以及身為首相的弱點，就是她絕對沒有真正理解到，大概至少有百分之十到二十的人口在各種階段需要協助。對於人口中相當多的人，她是視而不見、聽而不聞的。」

柴契爾出現時，政界男性佔壓倒性多數，因此，相較於現今，身為女性這件事存在更多的障礙。不過，其實她還有另一個障礙，就是在她身處貴族議員眾多且「建制派」（The Establishment）匯集的保守黨，自己卻為庶民出身。

柴契爾的父親原本在林肯郡的格蘭瑟姆經營食品雜貨店，後來成為當地的名人並當上市長，是典型「獲得成功的庶民」。一九七一年，柴契爾（當時的教育及科學大臣）上了一個英國廣播公司名為《相識的機會》（A Chance to Meet）的談話性節目，節目上介紹她的成長經歷如下：

「她父母並不有錢、也沒有高學歷。」

在《柴契爾：一場真正的英國革命 第一季：第一集 塑造瑪格莉特》（Thatcher: A Very British Revolution Series 1: 1 Making Margaret）中使用的另一段影片中，柴契爾本人對父親的敘述如下：

「我認為父親具備了晉升高等教育的資質，但是他卻無法接受高等教育，因此，他盡一切所能試圖提供我所有他自己不曾獲得的機會。」

「像我這樣出身背景的人，只能靠自己的力量追求成功。」

腦海中會浮現「底層熬出頭」、「飽經風霜」這些詞彙。非出自名門私立學校，而是從公立的升學學校進入牛津大學這一點，也讓柴契爾在保守黨中大放異彩。無論是性別還是出身，她都是菁英政黨的局外人。

但是，不知何故，平民出身的柴契爾，對平民卻可以比建制派更冷酷無情。最初的端倪是當她擔任教育及科學大臣時，取消了原本學校提供給七歲以上兒童的免費牛奶。這是為了削減財政支出而實施的政策之一，但一位女性大臣決定從兒童手中奪走牛奶這件事，對市井小民而言是很大的打擊，甚至出現一句流行語，叫做「Maggie Thatcher, milk snatcher」（瑪姬．柴契爾，牛奶掠奪者。英文還有押韻，很厲害。）小報標題聳動，說她是「英國最討人厭的女人」，當時的首相愛德華．希思（Edward Heath）甚至考慮免除她的教育及科學大臣職務，不過辦不到，因為她是唯一的女性大臣。在工黨周遭女性主義運動蓬勃發展之際，保守黨內閣中女性大臣的存在，具有重大政治意義。

前述紀錄片中有一段在這場騷動中柴契爾上電視談話節目的影片，觀眾席有一位女性批判她從小孩手中奪走牛奶的政策，對此，柴契爾以平靜堅定的表情回覆：「幸運的是，很多人、很多極為一般的父母，都有能力支付營養午餐費，也付得起牛奶錢」。

柴契爾身為小鎮食品雜貨店的女兒、上的是公立學校，應該親眼目睹過，知道庶民生活並不豐足，也清楚孩子們的貧困。但是，她卻能果斷推行連所謂富家子弟保守黨男性議員都辦不到的政策，理由為何？

相信自助之美的冥頑態度

我之所以突然看起柴契爾的紀錄片，是因為聽見日本首相提出了「自助、互助、公助」的政治理念。

我正忍不住質疑，為什麼在這個節骨眼會提出這種像瑪姬・柴契爾的理念，就聽說日本的首相讀了一本英國作者寫的書，受到很大的影響。這位作者名叫大衛・艾金森（David Atkinson），他在〈日本經濟的悲哀現實「人均」最低：日本在已開發國家中生產力最低〉（「1人あたり」は最低な日本経済の悲しい現実日本の生産性は、先進国でいちばん低い）（東洋經濟 Online，二〇一六年十二月九日）這篇文章中陳述如下：

> 一九七九年，我還是國中生時，柴契爾首相在電視訪談中做了以下發言：
>
> 「我不甘願看著大家逆來順受，說一切都無可奈何，讓這個國家衰退下去！我不甘願看到這個經歷過工業革命、民主主義、帝國時代輝煌榮耀的國家，遭到世界的鄙視！」
>
> 當時，戰爭結束後，英國在經濟各領域都被義大利、法國、德國及日本大大超前。出現一些嚴苛的意見，認為除去昔日榮光，英國什麼也不剩，接下來只有沒落一途。世界出現「英國病」這個稱呼，把英國當作逐漸衰退國家的樣本。
>
> 那個時代，包括絕大部分的英國人在內，全世界無人能料到英國的經濟能像今日般復活到「歐洲第二」的地步，而柴契爾首相堅決執行的改革就是如此了不起。
>
> 並非我這個英國人在老王賣瓜炫耀自己的國家，我只是希望大家能夠知道，過去雖然出現過「英國病」一詞、英國被世界視為「只有衰退一途的已開發國家」代表，但藉由堅決進

行改革、「做非做不可的事」而獲得重生這個歷史事實。

在現今二十一世紀，會像這樣把柴契爾當英雄談論的英國人，至少在我周遭並不存在。

「便士不會從天而降，我們必須自己腳踏實地去賺取。」

柴契爾曾經這樣說過，而她就是在被稱為「英國病」的時代登上舞台的。英國當時悲慘的狀況，其實跟苛刻的財政緊縮有關（不知何故這一點日本少有人談論。）七〇年代，英國財政赤字膨脹，一九七六年（如同近年的希臘）可望獲得國際貨幣基金組織的救助，但（終究也如同希臘）接受融資的條件是必須透過緊縮政策大幅削減財政支出，因此，勞工階級的日子越來越苦。在城市，對未來無法抱持希望的年輕人發起「龐克運動」（Punk Movement）[21]；而地方則是工人頻頻罷工。

這時候，以一副「我不甘願看著這個國家繼續衰退下去！」的態度就任首相的就是柴契爾，她在經濟方面的想法宛如達爾文進化論。拯救在緊縮和經濟衰退下倒閉的產業及企業毫無意義，因為他們生產力低。會倒閉的就讓他們倒閉，這樣才能自然產生結構性改革。她的想法是，當一個國家工人不斷罷工、不再工作時，便需要進行劇烈的產業轉型，而製造業的

21　希望通過反對一切形式的權威來創造一個人類盡可能自由的社會。

瓦解是自然淘汰的結果，因此，出現失業者也無可奈何。明明自己喊著「好好工作、好好工作」，她卻相信充分就業是不必要的。

柴契爾抱持這樣的想法，也難怪她當上首相後失業率節節攀升。截至一九八二年已達百分之十，失業率特別高的年輕族群憤怒不已，開始到處發生暴動。

「我們不能修改政策軌道。不提升產業界效率，英國就沒有繁榮的一天，因此我必須繼續採取堅決的態度。」

柴契爾相信「堅決的態度」才是通往成功的關鍵，結果造成製造業的衰退、並關閉煤礦場。不僅如此，同樣以「效率不佳」為由，陸續將國營企業民營化，並視工會為敵（在上述紀錄片中，有相關人士表示，柴契爾明確將長達一年的礦工罷工視為一場「戰爭」。）總之她痛恨勞工聯合起來要求他們的權利。

有能力的人即使失去工作也能找到下一份工作，與其向雇主或政府抱怨，應該先設法用自己的雙手抓住成功；沒有工作的人、無法讓生活更輕鬆的人一定是不夠努力。只要默默咬緊牙關、不眠不休、全力以赴，終將得到回報。我就是這樣一路走來的，你們沒理由做不到。這就是柴契爾「鞭策政治學」背後的信條。

大家說柴契爾是為傳統、重視實用主義的保守黨注入強烈意識形態的政治家。一般認為她信奉海耶克（Friedrich August von Hayek）[22]及彌爾頓・傅利曼（Milton Friedman）[23]，但她之所以迷上新自由主義（neoliberal）[24]，應該也是先基於她對「自助」的信仰。人往往有一種傾向，一旦遇到肯定自己人生歷程的思想，就會過度相信「這才是正確的！」

由於她的社會達爾文主義過度苛刻，連保守黨內都出現反對分子，認為「太過火了」。他們認為，必須停止刪減財政支出、為虛弱的業界提供救濟策略、讓一般民眾喘口氣，否則保守黨的政權壽命會很短。但是，柴契爾把這些黨內勢力歸為「濕派」（一群多愁善感、猶豫不前的傢伙），並予以切割捨棄，相對的，她自己的勢力則為「乾派」。搞不好冷酷、現實且不近人情的經營者或政治家更能有所作為的印象就是她樹立起來的。

自助與自立之不同

柴契爾如此堅信不疑的自助，和所謂無政府主義者所標榜的自立，兩者有何不同？

關注無政府主義或是受其影響而發言的人，有一句負面批評的話幾乎大家都被說過，就是：

---

22 出生於奧匈帝國的英國知名經濟學家、政治哲學家，一九七四年諾貝爾經濟學獎得主。

23 美國著名經濟學家，以研究總體經濟學、個體經濟學、經濟史、統計學、及主張自由放任資本主義而聞名，一九七六年取得諾貝爾經濟學獎。被譽為二十世紀最重要且最具影響力的經濟學家之一。

24 一種政治與經濟哲學，強調自由市場的機制，反對國家對國內經濟的干預、對商業行為和財產權的管制。

「到頭來他們終究是新自由主義者。」

也有人跟我說：

「我覺得大杉榮[25]跟伊藤野枝[26]如果生在現代社會，大概會是創業、而且創業投資事業等獲得驚人成就那一型。」

無政府主義跟新自由主義之所以被認為只有一線之隔，是因為兩者對經濟的見地，乍看之下似乎有一致的方向性，就是削弱國家力量、盡可能將國家所有物交由國民經營（無政府主義者將此稱為自治，而新自由主義則稱為民營化。）

例如詹姆斯・斯科特（James C. Scott）在著作《人類學家的無政府主義觀察：從生活中的不服從論自主、尊嚴、有意義的工作及遊戲》（麥田出版）中為小資產階級做了正面的辯護。原文書名是 *Two Chees for Anarchism*（為無政府主義喊兩聲萬歲），第四章的標題是「為小資產階級喊兩聲萬歲」[27]。這樣一寫，可能有人會說「看吧，我就說無政府主義跟自由主義一樣吧？」不過，先不要那麼早下定論，請先看完斯科特書中的內容再說。

《為無政府主義喊兩聲萬歲》這個原本的書名，意思是對於無政府主義，還不到高喊三聲萬歲的程度（並沒有全面受其影響），不過可以喊上兩聲；而斯科特對於小資產階級也是如此，兩聲萬歲還喊得出來。所謂的小資產階級，是指零售商店老闆、小規模自耕農、小規模自營專門行業、擁有高度技巧之工匠等既不屬於資本家也不屬於工人階級的人，斯科特形容為「處於灰色地帶、難以捉摸的存在。」關於想擁護小資產階級的理由，斯科特敘述如下：

第一點，同時也是最重要的一點，現今國際系統越來越受限於更大規模的公私官僚性質（僵化）制度，而我相信在這樣的國家系統中，小資產階級與其小小的財產代表了自治與自由的寶貴領域。自治與自由這兩件事，伴隨著相互性，位居無政府主義者感性的核心地帶。

小資產階級之所以受到馬克思主義者的鄙視，是因為它不在馬克思主義所謂「敵vs.友」的構圖中。在馬克思主義中，無產階級的概念來自「被資本主義剝削的工人」，因此，無產階級是唯一能透過自我解放來反抗剝削、戰勝資本主義的存在。另一方面，其實資本家也扮演了戰勝封建制度、促成現代工業巨大生產力的角色。然而，在「封建主義者vs.資本主義者」、「無產階級vs.資產階級」這種緊密無縫的鬥爭構圖中，小資產階級究竟是不屬於其中任一方，抑或是雙方皆是，難以判斷。正如其名，他們是「小規模資本家」，因此，或許滿心想闖出名堂，讓自己躋身大規模資產階級之列；也或許雖被稱為資本家，其實以資本家而言很窮，所以會與左派聯手。看起來

25 日本無政府主義者，思想家、作家、社會運動家。

26 大杉榮的妻子，是一位日本無政府主義者、婦女解放運動家、評論家與作家。

27 繁中譯本為「給小資產階級一個讚」，為保持上下文連貫，此處保留原作者翻譯。

就是不忠誠、不可靠，但在某種層面上他們是一群自由的人（雖然認真的人可能會爆青筋生氣。）

小資產階級不論在社會主義陣營或資本主義下的民主陣營，向來都遭人嫌惡，斯科特分析那是因為「無論何種形式，小規模財產的絕大部分，都有辦法巧妙規避國家的管理。」小規模財產不同於大規模的情況，不易被國家雷達偵測到，也就是說，小規模活動能抵抗政治的規則或強制。斯科特在前述著作中寫道：「出於這個理由，國家幾乎始終是移動民族[28]（吉普賽人、游牧民、流動商人、移工）的不共戴天之敵。」

也就是說，斯科特之所以肯定小資產階級，最大的理由是因為他們雖屬庶民階級，卻能夠不受困於國家佈下的羅網，過著更接近自立自治的生活。例如可以自己決定工作或休息時間是人類個人自治的一種，他們享有近似主權在我的生活型態。斯科特指出，過去數十年，在美國民意調查中，只要問產業的勞工「相較於工廠勞動，更想從事什麼樣的工作」，總是有很高比例的人回答希望經營商店、餐廳，或是務農。

小資產階級執著於擁有包括不動產在內的「自己的財產」，因此，一直以來被認為是「暴發戶」、「小有錢」，而遭到侮蔑（不僅馬克思主義，貴族階級和知識份子亦如此），斯科特說明當中有其合理性在：

較下層階級能夠擁有的某種程度自治與自立，會有兩種型態，選擇生活在國家管理不到的周邊地帶、或是生活在國家內部，但藉由持有小規模財產來維持生活上最低限度的權利。

我個人認為，在許多社會上存在極為強烈的欲望，想要擁有一方土地、自己的住家、自己的店鋪，除了想擁有促使這一切可能實現的自由行動及自治、安全等現實面的餘裕之外，這種欲望同時也源自小規模財產映照在國家及鄰人眼中時帶來的尊嚴、地位及名譽的希求。

人為了尋求能從小小財產得到的尊嚴與自立具備的行動力，是一種對自主自律的希求，英國清教徒革命時的挖掘派（Digger）與平等派（Leveller）、一九一〇年墨西哥革命時的農民、許許多的反殖民運動等，想要擁有土地、奪回土地的深切盼望，幾乎是所有激進社會運動的主題。

正如字面意義，這些都是為了脫離「强大、具備暴力性質的對象（絕大部分都是『國家』）」統治，為自治而追求自己土地的鬥爭。

如此想來，就能清楚發現斯科特的「自立」與柴契爾信仰的「自助」完全不同。寫成日文的話，兩者都以「自」為首，都是兩個字，或許因此感覺「像是同樣的東西」。用英文說，自立就是independent的狀態，用劍橋辭典網站搜尋independent，其實最先出現的是這個意思：

28 參考內政部用法。英文為Mobile peoples，指一種類型的原住民族，他們的生計依賴廣泛的公共財、自然資源的使用，其移動是一種永續性土地保育利用的管理策略，也是其文化認同不可替代的來源。

「在任何層面的意義上都不受他人或發生事件、事物之影響，或是不受控制。」

我覺得這就是答案了。也就是說，設法靠自己處理自己的事是「自助」，與不受任何統治的「自立」是兩回事。為什麼呢？當政府對民眾下令「先設法自助」，民眾就已經開始受國家命令所操控，換句話說，就是國家向你徵收稅金，但不會設法救助你。這種情況，不就是一般我們說的「騙錢」嗎？

順帶一提，同一網站對 self-help（自助）的解釋：「不求諸公共組織，靠自己提供必要之事物給自己或與自己有相同經驗、逆境的人。」

這裡有趣的是，劍橋英英辭典網站記載的定義中，不只是「自己」，還包括了「與自己有相同經驗、逆境的人」，如此看來，「自助」非常親近親密，這一點和從與自己有相似立場、想法的人身上感到的同理心也相通。

在這裡，我無法不再次想起柴契爾有同情心卻沒有同理心的評語。

小資產階級的經濟貢獻

「馬克思最鄙視的是流氓無產階級，其次鄙視的就是小資產階級。鄙視小資產階級的理由，是基於一個事實，就是他們擁有小小財產，因此是小小的資本家。」讀到斯科特這段敘述，我想起的是撰寫《這就是日本》（*THIS IS JAPAN*）這本書時，訪問的東京山谷企業工會「阿吽」（ahūm）的發起人中村光男。「阿吽」是由原街友或失業者靠自己發起的企業工會，從事二手商店經營或打雜跑腿各種代辦等業務。

我問中村「為何不像其他貧困者扶助團體採取NPO[29]的形式」，他回答我：「NPO很難做到經濟自立，因為制度上基本禁止出資或投資。NPO這個制度本身我給予肯定的評價，不過它的本質就是政府委託事業、或者必須仰賴政府補助金，這是逃不掉的，如此一來，就很難提出反對政府的意見。

中村以「胃被抓住」來形容這種狀況，接下來這樣表示：「我認識許多組織NPO的人，了解在資本主義社會上無法出聲的痛苦。這種痛苦，不僅個別的勞工及貧困者有，社運組織同樣也有。」所以，阿吽從一開始就選擇了企業的型態……。

這跟不帶給國家困擾的「自助」（NPO）正好相反，是為了能對國家暢所欲言的「自立」（社會企業）[30]。不過，中村裝無辜笑著聳肩表示，這種決心自立的判斷「還是會被某些人

29　非營利組織（nonprofit organization，簡稱NPO）是指不以營利為目的組織或團體，其核心目標通常是支持或處理個人關心或者公眾關注的議題或事件，擔任起彌補社會需求與政府供給間的落差，且須仰賴「政府經費補助」或「民眾捐款捐贈」。並且禁止出資或投資等營利行為。

30　社會企業（Social Enterprise，簡稱SE），一個追求三重盈餘：經濟、環境與社會且永續經營的新商業模式。藉由提供具競爭力的服務或產品，將盈餘的部分比例投資於所欲達成之社會目標或社區中，以促進社會問題能被有效降低或解決。

反對：『不做NPO在那邊改變策略搞事業。』」

斯科特指出，在馬克思主義中，只有源自資本主義的新階級，也就是無產階級（由於沒有財產）才能進發起真正的革命。就算這理論在馬克思主義中是成立的，但從歷史上看，直到十九世紀末，小資產階級的工匠才位居西歐激進勞工階級運動的核心（紡織工人、鞋匠、印刷工等。）正因如此，斯科特斷言，「不把他們對小財產的自立、不可侵犯性的殷切期盼置於關注焦點的附近，就不可能寫下爭取平等的歷史」。

不僅如此，他表示小資產階級是發明與創造的先鋒。他們拒絕任由統治者「抓住自己的胃」，因為他們擁有自己的土地、店鋪或工作室，因此可以完全無視上位者的意見，例如「這種製品對國家經濟沒有貢獻，應該開發不同的東西」，或是「別繼續做這種效率很差的生意了，為了國家應該提高生產性」，他們能去開發看起來並不會很暢銷的品項、或是繼續從事低效率的買賣。而誰也沒看過的嶄新製品，往往就是從這些地方誕生的。

大企業這時候就會竊取個人或中小企業發明的產品、服務和點子，並挖角僱用提出這些想法的人，以進一步增加銷售額，此時，大企業就對經濟產生了貢獻。因此，雖然這些小資產階級就算賺不了多少錢、依舊貫徹自己的理念，卻不能說一國的經濟完全不需要他們，而倘若他們一個接一個被大公司吞併，這樣的國家何止經濟面，連文化面也會陷入貧窮。讓我們再一次傾聽斯科特的話語。

小資產階級確實無法把人送上月球、製造飛機、在海底鑽油井、辦醫院、生產銷售藥品或手機。但是大企業之所以有力量實現，通常都是因為他們有能力整合數以千計的小發明和流程，而這些小發明和流程，他們自己過去做不到，未來應該也無法做到。（中略）大企業之所以能夠獨佔市場，完全是因為他們擁有排除或併吞潛在競爭對手的力量。而當大企業這樣做時，他們抑制的發明數量，無疑並不會低於他們促成的發明數量。

直覺敏銳的人，可能已經察覺為何我會針對小資本階級寫這麼多，這跟新冠肺炎疫情不無關係。走在英國商店街，跨國大企業的店鋪另當別論，個人經營、或是僅在州內、市內擁有連鎖店的中小型商店，都在封城之後無法重新開業而倒閉。現在倒閉的這些小規模店家的經營者，正是小資產階級的代表性存在。也就是說，如果趁此機會一舉消滅小資產階級，讓大企業吸收合併中小企業，任結構改革自然發生，結果會怎樣的意思。

前述讚揚柴契爾革命的艾金森，是由日本政權組織的「成長戰略會議」的成員。我也看到有報導言及他在著書中表示「日本生產力惡化的最大原因在於中小企業」、「生產力低落的企業必須使其『退出』」。[31]

31 〈菅政權調停會議 首相智囊與中小企業代表之間火藥味濃厚〉，《朝日新聞》數位版，二〇二〇年十月十七日。

當初柴契爾也不是揮舞柴刀四處斬除特定的產業界，當時由於緊縮及長期罷工造成不景氣使地方製造業者呈現體力不足的狀況，而她只是沒有對於這些製造業者伸出援手，見死不救，自然就促成了結構改革。要仿效柴契爾，不弄髒自己的手就讓衰弱企業「退出」、進行結構改革，還有比新冠疫情中的此刻更好的時機嗎？

但是，住在英國的我不能不言及柴契爾主義負的面向。柴契爾主義被評為製造出長期失業者、招致之後「破碎的英國」（Broken Britain）時代的元凶；以及住在因社會達爾文主義而被淘汰（地方製造業繁盛）的地區的人當中，許多都投票支持脫離歐盟等都算是其中一部分。此外，也有必要提到，一般認為由於那個時代非常極端地從製造業轉為服務業，導致新冠疫情中的英國景氣衰退比其他國家劇烈（因為疫情爆發時，必須面對面進行的服務業很難繼續下去。）

最重要的是，以關注無政府主義的立場而言，摧毀小資產階級，就等同將一個國家的民主主義磨損殆盡。大衛・格雷伯寫道：「無政府主義與民主主義幾乎同為一物。」正如斯科特也寫過：「一個由小規模自耕農和小店主發揮一定影響力的社會，比其他經過設計的任何經濟體系都更接近平等與生產資料所有制（Ownership of the Means of Production）[32]。」一個自立精神被摧毀、只剩下自主義務的社會，將會多麼壓抑。

再者，社會達爾文主義也會成為社會蔓延優生思想的原因。我們不能忘記，在柴契爾時代，國民陣線[33]抬頭和光頭黨[34]白人至上主義運動的復活，此外，還有全國各地（包括監獄）

都發生暴動，治安惡化。

提出柴契爾沒有同理心證詞的前私人秘書蘭克斯特也說道：

「我妻子家族在蘭開夏郡和約克郡的邊境一帶擁有三間紡織廠，柴契爾首相來到辦公室，問我：『你家人的公司狀況如何？』我回答：『很遺憾，目前已準備著手進行解散清算。』她很震驚、意外：『真是太糟了，有什麼我們能做的嗎？』我回答『我想沒有。』」

當時的商業及貿易大臣約翰・諾特（John Nott）證明，柴契爾就任首相的一九七九年，有一百五十萬人從事紡織業，但是到了一九八一年初，人數已減少一半。

柴契爾至少問了在自己手下工作的蘭克斯特「有什麼能做的嗎？」她對自己人表示了同情心，不過她卻不了解那些不在自己周遭、缺乏自助資源的人，那些市井小民並不像她有那麼强烈的野心，他們只想過平穩安定的生活。

柴契爾首相誕生二年後的一九八一年，英國創下戰後最高的失業率。這一年，利物浦的托克斯泰斯爆發了大規模暴動，造成四百六十八名警察受傷，並有約五百名年輕人遭到逮捕。次週，柴契爾造訪當地，跟當地人進行談話。我對影片中有一位年輕黑人講的話印象非常深刻。

---

32 指生產資料的歸屬，它包括人們對生產資料的所有、占有、支配和使用等方面所形成的經濟關係。

33 英國的一個極右翼新法西斯主義政黨。

34 是一種源自一九六〇年代，英國青年勞工階級的次文化。

「她真的很仔細傾聽我們說的話，關於這一點，我必須給予正面評價。她很認真地聽我們說話。但是，該怎麼說，我覺得她聽到的內容實在離她自己的經驗太遙遠，以至於她無法接受自己聽到的事。」

與其說是因為有鋼鐵般的意志，不如說是因為欠缺同理心能力，柴契爾才有辦法始終相信社會達爾文主義呢？

據我所知，英國人非常注重傳統禮節，就算是討厭的對象，當有人生病或過世時，仍舊會表達慰問或追悼。這樣的國民，卻在柴契爾過世時在路邊開派對、還讓著名歌舞電影《綠野仙蹤》插曲「叮咚！巫婆死了」（Ding Dong! The Witch Is Dead）登上排行榜榜首。這並不是英國人反建制，而應視為始於柴契爾的政治傷害了許多人，並且一直延續至今的證據。

跟柴契爾同為保守黨的強生首相，在新冠疫情中表達了以下想法：「所謂的社會是存在的。」這句話，被大眾認定為是在否定曾說過「所謂社會並不存在」的柴契爾主義，在目前這樣的局勢中，不可能會有國家好死不死偏偏要召喚四十年前的亡靈。

雖然不可能，不過以防萬一，我在柴契爾入住時發生爆炸事件的旅館所在位置——布萊登，寫下這篇文章。

第 5 章

不受侷限、也不鬆手

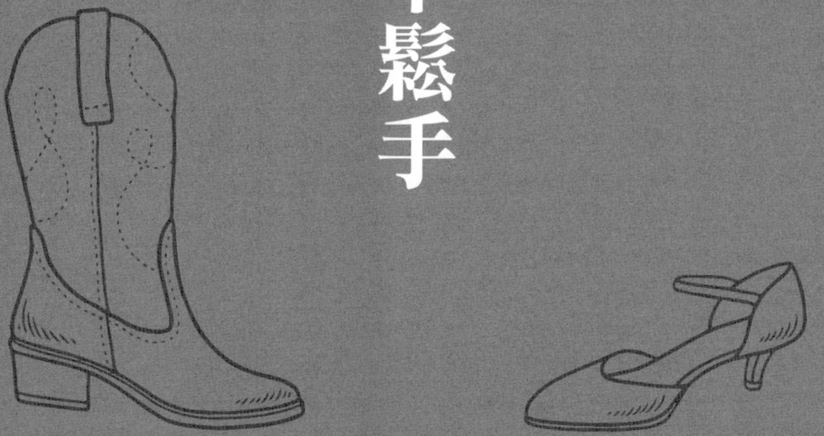

女性領袖與同理心

二〇二〇年新冠疫情中掀起的話題之一，就是政治領袖為女性的國家都及早成功阻止了新冠疫情的蔓延。

第一個例子是紐西蘭總理傑辛達．阿爾登（Jacinda Ardern），她在自家及記者會現場拍攝影片，反覆訴求「待在家裡、拯救生命」，不斷呼籲大家，最重要的是協助鄰居以及顧慮高齡者與慢性病患者。向來被視為「左派之星」的她，在發布上述人道主義訊息的同時，二〇二〇年三月十四日她又要求所有從海外入境者，包括紐西蘭國民在內，都要進行兩週自主隔離，兩週後，她又開始實施嚴密的封城，「嚴格且迅速地」封鎖了國境。

在德國，有人說已化為跛腳鴨的梅克爾總理，讓大家見識了她久違的政界大人物威嚴。她發揮自己身為物理學家的專長，冷靜地根據科學進行分析、對大家呼籲宣導，在國際也獲得肯定。一來多虧及早進行了大規模的檢測，同時在其他歐盟國家由於財政緊縮導致醫院病床數不足的情況下，他們的急診病房還有餘力接收患者，成功地將死者人數控制到最低。

挪威的艾娜．瑟克貝爾（Erna Solberg）總理也表示及早封城及大範圍檢查奏效，在二〇二〇年六月二十一日的時間點，確診人數八千七百零八人，死亡二百四十四人。跟鄰國瑞典相比，前者約為六分之一，後者則約為二十分之一。瑟克貝爾總理召開以孩童為對象的會談，排除媒體界成人人士，告訴孩子們「有點害怕新冠病毒是正常的」，她自己也因為無法擁抱朋友，覺得很落寞，藉此鼓舞對突發的生活劇變感到不安的孩童。

丹麥總理佛瑞德・里克森（Mette Frederiksen），以及世界最年輕的現職總理，芬蘭的桑娜・馬林（Sanna Marin），也都是及早進行過境封鎖及外出限制、在防疫對策上成功的女性指導者。另外，冰島的卡特琳・雅各斯多提爾（Katrin Jakobsdottir）總理，因四月二十五日前已經有全人口百分之十二的國民完成免費檢查蔚為話題，成功抑制了疫情擴大。

亞洲也有臺灣的蔡英文總統，疫情初期採取對策的速度驚人，並且幾乎完全控制住病毒感染蔓延，在疫情中，還達成全世界罕見的經濟正成長，贏得各方讚賞。

在二〇二〇年五月二十二日的時間點，聯合國一百九十三個會員國當中，有二十一國政治領袖為女性（臺灣非聯合國會員國），在如此少數當中，可以看出相較於男性領袖，成功抑制疫情的女性領袖比例高得驚人，這樣的結果必然會引發討論：是否女性較擅長對抗疫情？為何女性領袖較有利？

常見的論調是，關鍵正是同理心。例如二〇二〇年五月二十二日美國NBC新聞網站上是這樣寫的：

女性領袖，她們強調的是同理心、是人類的尊嚴、是照護。她們並不把組織經濟與拯救生命的目標視為兩種不一致的目的、使其對立。看看紐西蘭總理傑辛達・阿爾登，她向大家承諾同理心，因此當選總理，現在同理心發揮了它的功效。

這種「因為女性領袖較能發揮同理心」的論點，一不小心，就有可能與一些刻板的性別印象重疊，像是「女性比較細心」或「女性平時就會照顧家人的健康，所以比較適合處理這種問題。」在英國，甚至看得見電視名嘴以「男性說教」[35]的姿態說是因為女性比較會乖乖聽科學家的話。

二〇二〇年四月二十五日的《衛報》（*The Guardian*）報導中刊載了紐約大學社會學教授凱斯林・格森（Kathleen Gerson）耐人尋味的發言。男性政治家比起女性，更容易陷入「領袖應如是」的窠臼中，導致即使是具備充分同理心能力的人，也會對於在公眾面前流露感到躊躇。也就是說，主觀認定身為領導，在人前與其流露真情、顯出體貼溫柔的一面，更該展現在任何狀況下都不為所動的堅強與力量。因此，他們無法像女性領袖般，扮演既堅強、果斷，同時又充滿體貼的這種多面向的領袖形象。若此為真，那麼可說許多男性領袖並非同理心能力不足，而是受限於性別形象，將同理心封印，才導致失敗。

不過，密西根大學史蒂芬・羅斯商學院（Stephen M. Ross School of Business, University of Michigan）的大衛・梅耶（David M. Mayer）刊登在《哈佛商業評論》（*Harvard Business Review*）

的邀稿〈當男人偏離男性規範時將如何受到懲罰〉（How Men Get Penalized for Straying from Masculine Norms，二〇一八年十月八日）提到，男性展現同理心，實際上會陷入不利的立場。同理心對指導者而言是重要的能力，不過能因展現出這種能力獲得信賴聲望的不是男性而是女性，調查結果顯示，女性領袖藉由展現同理心能減少在專業上遇到的問題，但男性則似乎沒有這樣的效果。

根據這項調查，顯現出軟弱、親切、悲傷、含蓄自制的態度、支持女性主義、以及女性化的面相，會讓美國男性在職業發展上變得困難。也難怪唐納・川普（Donald Trump）的形象會受到肯定，他在當上總統前，在名為《誰是接班人》（The Apprentice）的電視節目中，展現了終極「老闆」的角色，面對夢想在商界成功的「部下」候選人，他提出課題、冷酷地決定贏家輸家，博得觀眾熱烈迴響。川普在節目中的形象是在弱肉強食的商界曾經身負鉅額債款，卻努力戰勝一切、堅毅頑強的商界大亨。那些高學歷的自由主義者，在川普旋風席捲而來之前，從來沒想過他在節目中這種形象已經如此徹底滲透到美國一般人心中（不過他們原本也覺得這類節目「低俗」，不會收看就是了）。

話雖如此，試穿別人的鞋，也意味著想像受雇者、交易對象、生意夥伴等人的心情或想

35 男性以高高在上的態度進行說教或說明。

法。它是一種能力，能夠作為進行下一步棋的判斷依據，毋庸置疑，商務領袖更是需要這種能力。送餐服務公司 Chewse 的執行長崔西・勞倫斯（Tracy Lawrence）應邀在 Entrepreneur.com 發表了一篇文章〈為何這個女性創辦者不怕展現具備同理心的一面〉（Why This Female Founder Isn't Afraid to Show Her Empathetic Side，二〇一九年五月三十日）。她傳授大家如何培養同理心以及如何將其運用在指導能力上，其中一項是「不要贏，開始聽。」她說：「當有人發表讓我們不悅的言論，我們太容易自衛戒備，或是扭曲對方的言論試圖取勝。但是，做這些事對任何人都沒有幫助。」這也跟在推特等場合相似，在推特上「辯贏」其實並沒有建設性，展開爭辯大戰本身已經競賽化，而他們原本主張應該改變的狀況卻幾乎什麼都不會因此改變。

究竟是要把「爭取勝利」當作好領袖的條件，還是把「不爭取勝利」當作好領袖的條件？不知為何，通常大家容易認為前者較男性化、後者則是女性化的風格。

實際情況應該是女性就算選擇「不爭取勝利」的風格，溫和率領大眾，也不會被指為「軟弱」，所以容易採取這樣的型態，這也就是為什麼女性領袖看起來更具備同理心能力。不過，也有人根深柢固認為女性原本就比男性具備同理心能力，也不是不能說這個想法本身就是一種歧視，那麼，這樣的觀點是如何形成的呢？

有擅長同理心的腦嗎？

英國發展心理學者、同時也是劍橋大學發展性精神病理學教授的賽門・巴倫-科恩（Simon Baron-Cohen）在《零度同理心：關於人類殘酷的新理論》（*Zero Degrees of Empathy: A new theory of human cruelty*）中提到，三分之一的自殺者患有邊緣型人格障礙，而因毒癮、酗酒和飲食失調需定期就醫人則約半數亦如此。他進一步表示，有這些症狀風險的人中，百分之七十可能來自遺傳，換句話說，剩下的百分之三十是來自童年受虐或忽視等後天因素。

他在該書中試圖用「欠缺同理心」一詞來取代「邪惡」這個詞，主張穿上別人鞋的能力不足或欠缺的人，都各自有某種症狀（邊緣型人格障礙、自戀、病態人格），暴力皆來自欠缺同理心。也就是可以做出邪惡行為的人並不是壞人，而是在某種程度上受到損傷的人。根據他的理論，同理心的不足或欠缺會造成殘虐行為，因為受到損傷的人會將其他人視為「物品」。巴倫-科恩主張，這些人只能與「物品」或是「認定他們是物品的人」建立關係。

不過，整理他的理論，即使用「欠缺同理心」一詞來取代「邪惡」，依舊等同主張有人天生就傾向於做出殘酷的事，因為他採取的立場是，這種欠缺同理心造成的症狀（邊緣型人格障礙）來自遺傳的可能性很高。

當面對難以解釋的複雜人類行為時，遺傳帶來的傾向、先天缺陷等說法，會讓人覺得

「啊，原來如此」，具有令人安心的效果。正因如此，思覺失調症也好、憂鬱症也好（這種情況下是同理心也好），只要視為遺傳的結果，就不需要再繼續擔心下去，因為可以輕鬆下個結論：雖然沒有人生來就是壞人，但有人生來就有什麼不足或欠缺，世界上的惡與不幸才會源源不斷。

但這種想法，跟歷史上一直擋在女性面前那堵巨大的牆不是很像嗎？維多利亞時代的腦科學家聲稱存在一個「生理學事實」並大肆宣揚，試圖將社會上對女性的偏見和歧視正當化。他們禁止女性接受高等教育，以「學術角度」主張女性進入家庭生兒育女才是遵從自然界法則的原貌。現代人會嘲笑當時學者為將男性在社會優越性正當化提出的奇妙理論愚蠢。不過，我們難道能說現代神經科學完全沒有共通點嗎？

比方說，巴倫-科恩主張有「男腦」跟「女腦」，「女腦」擅長同理心能力與溝通能力，具備發揮對他人想像力的迴路；相對地，「男腦」則適合理解理性事物、建構系統（也就是機械製作、軟體開發、首尾一貫的邏輯性思維、作曲、政治等。）這樣的大腦性別化，跟年代久遠的男女刻板印象有何不同？

常被拿來當作「女性較有同理心能力」一說的理由的，也是那個鏡像神經元。例如打呵欠會傳染的說法，一般認為病態人格較不容易被人傳染打呵欠。他們在疲累、厭倦、談論的是跟自己無關話題時會打呵欠，但據說不知為何，他們有絕對不打呵欠的時候，那就是看到周遭有人打呵欠的時候。據說呵欠的傳染來自腦中模仿他人動作的鏡像神經元的作用，這跟想像他人心境的同理心也有關。

根據動物行為學者伊莉莎貝塔・帕拉吉（Elisabetta Palagi）主導的比薩大學調查，看到周遭有人打呵欠自己也會打呵欠的女性，平均是男性的二倍。帕拉吉主張這顯示了攸關「利社會行為」（prosocial behavior）[36]的同理心，換句話說，女性比男性更致力於跟他人建立關係。

他們對英國《獨立報》（*The Independent*）（二〇一六年二月三日）表示：「女性在人生的幾個面向中遠比男性發揮了更強的同理心。一直以來，女性朝著進行擔任母親角色的照護持續進化，這一點建立在生物學的基礎上。在此，問題是假設女性比男性更具同理心，那麼打呵欠的傳染是否能成為測量同理心的根據，答案是YES。」

總歸而言，這個主張的意思是看到別人打呵欠自己也打呵欠的次數越多，表示具有越高的同理心能力，而既然這裡研究的是源自腦內鏡像神經元的同理心，也就表示是所謂的情緒性同理。值得玩味的是，也有調查結果顯示，人在面對親近的人打呵欠時，比陌生人打呵欠時更容易被傳染。一般而言，打呵欠會傳染的情況是能夠了解親近的人（感到乏味的）心情，並且氣氛和諧，很難想像意見不同的人在激烈舌戰當中，對方打了呵欠會被傳染。之所以令

36 任何自發性地幫助他人或有意圖地幫助他人行為。

人覺得情緒性同理跟帶有「同情」、「共鳴」意思的同情心（sympathy）幾乎同義，原因其實就在此。

正如到此所述，同樣是同理心（empathy）一詞也有各種類型。情緒性同理是源自情感或想法的傳染，自動進入他人情緒（試圖同一化），而認知性同理則與情緒性同理正好位於相反的兩極。

認知性同理並非自然貼近對方、進入對方情緒中，它指的是一種能在刻意確保自己與他人差異的情況下，站在他人的視角、推測評估自己以外的人其想法或感情的能力。比方說，我們已知打呵欠會傳染的不限於人類，黑猩猩、猿猴、狗等也有同樣的現象，那麼，套上伊莉莎貝塔・帕拉吉的理論，這些動物也都具備了類似情緒性同理的能力。不過，人類會表現出像認知性同理這種複雜的能力，而也有主張表示，這是因為情緒性同理與認知性同理在腦中的形成過程有所不同。

自上而下還是自下而上

神經科學領域針對情緒性同理與認知性同理的差異，是用「自上而下」（top-down）和「自下而上」（bottom-up）兩個模式來說明的。談到「自上而下」和「自下而上」，很容易想像政治、社會運動、企業等組織的樣貌，其實我們人類情緒的生成也有這兩種途徑。

丹佛大學和史丹佛大學的研究人員，進行了一項名為「自下而上和自上而下的情緒生成：對情緒調節的影響」（Bottom-up and top-down emotion generation: implications for emotion regulation）的調查（二〇一二年三月七日），這份調查指出，自下而上的情緒是即時的，是對某種刺激的慣性反射，例如有車子朝近處衝撞而來引發的恐懼感這種反射情緒。相對地，自上而下的情緒則是更有意識的反應，不是刺激，而是源自某種狀況下自己的思考，例如沒有為考試做足準備，自己針對自己的行為思考後做出判斷而產生的不安情緒。

那麼自下而上產生的同理心，是一種腦內對他人行為或狀態產生鏡像作用的反應，也就是情緒性同理。相對地，自上而下的認知性同理，人們所知的有「認知性觀點取替」（cognitive perspective-taking）[37]或「心智理論」（theory of mind）[38]，他人的心情完全憑藉自己的想像或理解，建立在腦神經的操控或抑制機制上。也就是說，不同於自己也會感到「難以遏抑」的鏡像作用（情緒性同理），認知性同理可說是在大腦的操控功能所及範圍內思考他人的狀況或情緒，不是自然湧現的反應，而是有意識進行的想像。

---

37 是指個體去考量他人的思想、意圖的能力，如別人不懂遊戲規則時，會用他人聽懂的字眼加以解釋。

38 是一種能夠理解自己以及周圍人類的心理狀態的能力，這些心理狀態包括情緒、信仰、意圖、欲望、假裝與知識等。

得知「自下而上」與「自上而下」的過程，我想起的是保羅．布倫在《失控的同理心》中展開對巴倫－科恩的批判。巴倫－科恩主張同理心能力等級因人而異，將病態人格和自戀人格這種無法對他人產生同理的人設定為同理心「零級」。相反地，不斷聚焦在他人情緒上，隨時確保他人絕對不會消失在自己大腦雷達所及範圍的人則定為「六級」，巴倫－科恩為了說明符合六級的人是怎樣的人物，舉出一位虛構女性叫做漢娜。她是一位具有天才般能力的心理治療師，最擅長調整波長使其吻合他人情緒。布倫從巴倫－科恩《邪惡的科學：關於同理心和殘忍的緣由》（*The Science of Evil: On Empathy and the Origins of Cruelty*）這本書中引用他描寫的漢娜這個人物的樣貌。

你剛踏進房間的瞬間，她已經讀取到你的表情、肢體動作、姿勢。（中略）她會根據你聲音的抑揚，察覺你的心理狀態。（中略）

你就這樣在一瞬間敞開了自己的胸懷，因為這位了不起的傾聽者，除了安慰或體貼的言詞之外，不會打斷你說話，她會將你的情緒鏡像投射在自己身上，為了激勵你、讓你覺得自己的存在價值得到正確的評價，偶爾說幾句讓你心情平靜的話。漢娜並不是因為這是自己的工作才如此對待你，她對自己的個案、朋友、甚至連第一次見面的人，都能一律以這樣的態度相處。漢娜的朋友會感受到她的用心，她的交友關係核心建立在分享信賴及互助之上，就像這樣，她總是被無法遏抑的同理心追逐驅動。

從這裡的詞句「將情緒鏡像投射在自己身上」、「無法遏抑的同理心」我們也可以看出，這裡漢娜擁有的同理心能力是自然進入對方情緒中的情緒性同理，也可說是自下而上的同理心。巴倫-科恩主張存在「女腦」和「男腦」，聲稱擅長同理心的大腦為前者，所以他舉出同理心等級是六（也就是最高級）人物的例子是女性也反映了這一點吧。意即，巴倫-科恩談論的同理心是自下而上的同理心，具有「女腦」的性質。

相對地，保羅·布倫則主張，要當個像漢娜這種情緒性同理過剩的人物「是需要代價的」，他說，倘若他人的經驗總是佔據她腦海（到處將別人的情緒鏡像投射過來會塞滿她的大腦——布倫使用的表現是「好比自己是一，其他人則佔了九十九的比例」），就會產生各式各樣的弊害。兩位心理學家薇琪·海格森（Vicki S. Helgeson）與海蒂·弗里茲（Heidi L. Fritz），將這種「過度考量他人、將他人需求置於自身需求之上」的特質稱為「絕對共存」（unmitigated communion），並進行調查。結果證明這種人往往「過度保護、干涉且自我犧牲」而且會連結到別人討厭自己、對自己持負面看法的情緒，發現別人不接受自己的幫助或建議，就會受到打擊、不知所措。此外，據說「絕對共存」特質較強的人，由於一心專注在他人身上，容易疏忽自己，有時會導致心臟病、糖尿病或癌症。

據說，前述心理學家為測定「絕對共存」擬定的量表項目中，包含了「自己想得到滿足，就必須先滿足別人」、「有人請我幫忙，我會無法拒絕」、「我常擔心別人的問題」，女性得到的分數通常比男性高。

前述兩位心理學家，似乎想用這種性別上的差異來說明為何女性更容易為不安、抑鬱所困擾。還有教育學者芭芭拉・奧克利（Barbara Oakley）的主張：「女性有許多常見疾病和症狀都與她們將注意力放在他人身上、有強烈的共感，這些女性普遍存在的傾向有關，實在令人訝異。」

結果這裡也出現了從維多利亞時代就爭論不休的「男腦」、「女腦」問題。

不對自己鬆手

據說雖然「絕對共存」是危險的，但「共存」是好事。

海格森與弗里茲的研究中還有其他等級量表，衡量標準似乎訂定為「試圖幫助他人的程度」、「對他人情緒的察覺」、「善意」和「對他人的理解」等。布倫書中並沒有提到在這些評量中男女哪一方得分較高，不過，「共存」本身並不包括像「絕對共存」那種共感的痛苦（因為感受到他人的痛苦，所以自己也痛苦），所以歸於正向項目。換句話說，我們似乎可以說「絕對共存」就是自下而上的情緒性同理，會透過鏡像作用瞬間模仿他人的情緒；而「不絕對（＝沒有過度）的共存」則是自上而下的認知性同理，在能夠自我掌控的大腦系統中想像、理解他人的情緒。前者由於會將人我同一化，所以會感到「共感的痛苦」，後者則由於認識到自己與他人是不同的，所以能自我掌控。也就是自己是自己，絕對不會跟他人混淆，在這樣的前提下試圖想像、理解他人的想法。

並非讓腦中的鏡子映照出變成他人的自己（所以自己才會在不知不覺中穿著跟別人一樣的鞋，搞不好還穿著同樣的衣服、有同樣的髮型），而是在跟別人保持距離的同時，脫下自己的鞋，試著穿上別人的鞋。我覺得兩者的不同，問題並不是出在比例平衡上，不是「總之『共存』適可而止就沒事了吧。」這裡重要的，恐怕是「緊抓住自己、不對自己鬆手。」

自下而上的同理心一直以來都被拿來當作「男腦」、「女腦」的基準，但是即使如此，也有一說主張使用實驗測量方式、大範圍取樣進行調查，性別間實際上並沒有太大的差異，如果調查採取自我評估的問答形式，就一定會得到女性較具有同理心的結果，也就是說，大家受限於性別印象，主觀認定「自己是女性所以感覺上共感力比男性强」、「自己是男性所以感覺上自己比較遲鈍、無法察覺他人的痛苦。」

在某種層面上，可說受限於性別角色這件事本身，就是輕易對自己鬆手。不過，你或我既不是其他女性、也不是其他男性，我們就是我們自己，不輕易放棄自己跟他人的不同，就是不陷入「絕對共存」、學會正確「共存」的基礎。

話說，英國開始封城後，我兒子學校線上課程出的英語（也就是國語）作業非常有趣。他們現在正在讀莎士比亞的《殉情記》（*Romeo and Juliet*），這門課出的作業相當新穎不落俗套，內容是要大家化做主角寫情書，如果在我們舊世代，大概老師就會要女生當自己是茱麗葉、男生當自己是羅密歐寫情書交上來。不過，我兒子的世代就不同了，第一週的作業是要大家都當羅密歐，盡可能押韻，寫出饒舌歌風格的情書。到了下一週，作業變成大家都要當茱麗葉，必須用上至少一個自己獨創的隱喻、加上至少三個老哏（陳腔濫調的說法），寫出古典風格的情書。

出這份作業的教師，聽說公開表示自己是非二元性別，在第一堂課就請學生不要用「HE」或「SHE」，而是用「THEY」來稱呼他。因為這位教師主動談論「自己既不是男性也不是女性」，兒子的朋友們好像在社群網站上猜測，第三週的作業大概會要大家以非二元性別的角色來寫信，不過，《殉情記》出完前面提到的兩項作業就結束了。最近英語教師來過電話，學校放假後，各科教師會定期來電詢問家長，學生是怎麼上線上課程的、有沒有什麼困擾。我告訴前面提過那位教師，因為停課中的作業非常有趣，我兒子非常熱衷於那些作業，教師說：

「線上上課難免變成以課題為主，所以我會出一些寫的人跟讀的人都不會感到乏味的作業。」

「《殉情記》的情書，讀起來應該也蠻有趣的吧？」

「有平時陽剛叛逆的學生，化身茱麗葉的時候交出的情書甜蜜貼心，讓我很意外；相反的，也有平時不起眼、看起來很老實的孩子交出超酷的饒舌歌，忍不住猜這孩子平時在家大概都瘋狂聽饒舌歌。」

「會有機會看到學生跟平時形象不同的一面，對嗎？」

說畢，我下定決心開口問。

「讓學生全都化身為羅密歐、或是全都化身為茱麗葉來寫信，是基於那個理由嗎？該怎麼說呢，從性別印象中解放？」

「掙脫了那些束縛，有時候就能寫出意想不到的傑作。只要看那次作業學生交出來的文章，真的就會清楚了解這一點。」

非二元性別的人當中，有人說「自己既不是女性也不是男性」，也有人說「自己既是女性也是男性」。我兒子上的中學有兩位非二元性別教師，通電話的那位是前者，另一位是後者。

先撇開最新的性別爭議不談，這些教師明白地告訴學生自己是什麼、不是什麼。在談什麼女性、男性、第三性之前，首先，我覺得這些教師是那種不會對自己是自己這件事輕易鬆手、放棄的人。

要建立一個人人都能穿上別人鞋的社會，必須化解自己對自己下的魔咒。乖乖進入別人擅自分類的箱子、被貼上這一箱的標籤、內容物說明寫著「這一箱裡面裝的人是這種口味」，成分表密密麻麻寫著「之所以是這種口味是因為用了這樣的材料。」如果我們不懂得拒絕這一切，就很難守住身為自己這件事。

人類對這種成分表沒有抵抗力，就算其實根本沒有那種味道，只要看到成分表上辛香料的名稱，就很容易主觀認定「喔，經一提醒，的確有那種味道。」

我們也可以用頭蓋骨重量、基因染色體、女腦或男腦來代入這個成分表，而一直以來，這些就被拿來當作主張歷史上歧視及偏見「合理」的言論。

就連為了突破人類擅自斷定誰就是怎樣、導致陷入思考停止的這種習性，不能或缺的「同理心」，如果都被寫入「女性」這個標籤的成分表中，還有比這更諷刺的事嗎？

更糟的是，這個成分表，有許多都被視為符合科學、有證據可依循，成為社會常識。不過，在《野蠻的言論：歧視與排除的精神史》（野蛮の言説 差別と排除の精神史）這本書中，作者中村隆之寫道：「那種社會常識，到了其他社會或是其他時代，就一定會跑出無法適用的部分。」

更進一步來說，如果寫這些成分表的目的在於將箱子內容物說明是歧視的這個事實正當化，那麼也可說寫成分表的那些人目的在於主張自己的正確性。用坂口安吾的話來說的話，人類是一種可憐而弱小的生物，排斥也好、歧視也罷，大概都想要有個能賴以立足的正當根據吧。

第 6 章

那是深？還是淺？

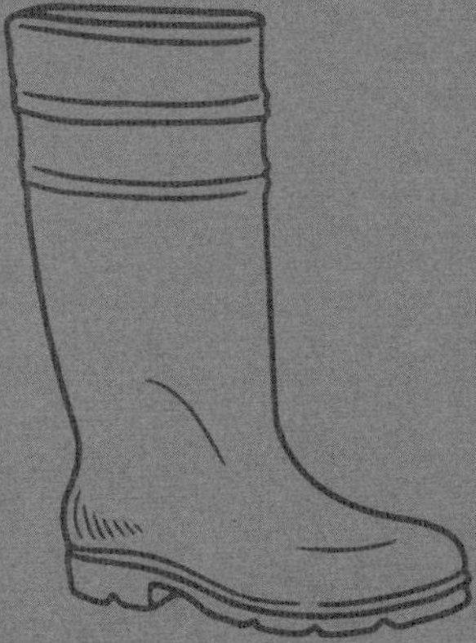

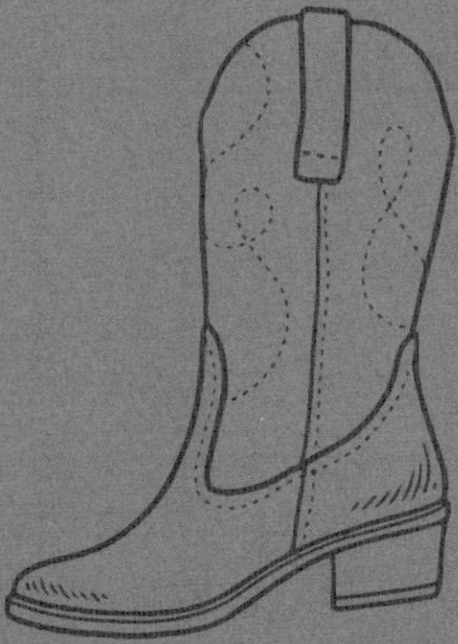

常被拿來當作沒有同理心能力典型的例子是病態人格（相對地，保羅・布倫則是視為濫用認知性同理最極致的呈現。）

天性或後天學習

不過，近年反社會人格（sociopathy）的概念也廣為人知，談論反社會傾向人格之際，也會重視「先天或後天」的議論。

一般而言，有反社會傾向人格的人，被認為對踐踏他人權利不會感到良心的苛責、缺乏同理心、壓榨他人、擅長操控他人對自己言聽計從。這些人又被分為病態人格（psychopath）和反社會人格，據說前者是天生的特質，後者則主要起因於童年時期的虐待等環境因素。

兩者特徵不同，據說前者冷靜鎮定，後者則容易不安，暴怒、口出惡言，因此後者在社會中較醒目，易於發現「啊，他可能有這方面的問題」，前者則完全不知道潛藏在何處。聽說病態人格並不總是會變成像開膛手傑克或萊克特博士那種罪犯，這些人平時就在我們的職場、鄰人、親朋好友當中。

環境造成有反社會傾向人格的反社會人格，從容易激動的特徵也可以知道，他們跟其他人一樣，具有憤怒、悲傷等情緒，只是無法控制情緒的急流。而病態人格則欠缺恐懼、憤怒等情緒，他們只是為了追求刺激而離經叛道，所以能夠比反社會人格更殘忍。因為不會暴怒、失控，可說日常中病態人格較好相處，不過你會在不知不覺中受他們操控。

其實，也有一種人格被定義在跟病態人格、反社會人格這些反社會傾向人格光譜的另一端，是「塊狀的同理心」那就是「共感人」。共感人是指共感能力非常强的人，心理學者使用 empath 一詞的時候，是指非常敏感的人，有高度能力可以察覺周遭人們的情緒及想法，有時候會為了他人的傷痛而犧牲自己（補充一下，empath 有時會拿來當作靈性方面的用語，在這個領域中，似乎是指具有超自然能力，能夠感受到他人情緒與能量的人。）

據說共感人的優點是對他人而言能成為理想的朋友，有超群的直覺（一瞬間就能判別一個人是否值得信賴）、為人心胸寬大，不過這種性格卻會讓本人很痛苦，因為他們會過度真實感受到朋友或周遭大眾經歷的事，連自己都被別人的不安或憎恨這些暗黑情緒弄的團團轉，無法劃清自己和他人的界線，明知可能辦不到，還是無法拒絕別人的請託，因此，很多人會覺得在人群中很痛苦，自然會想尋求平靜。

當我們列出這些特徵，就能看清一件事——共感人是指同理心裡面所謂情緒性同理過剩的人。

美國精神科醫師，《共感人完全自救手冊：避免感官超載，學會自我修護，全心擁抱「感同身受」的獨特能力》（大塊文化）一書的作者茱迪斯．歐洛芙（Judith Orloff）說，共感人是一種會像海綿般吸收世界的喜悅與壓力的人。絕大部分的人具有自我保護的濾網，讓自己不受過度刺激的侵襲，但共感人沒有這樣的濾網，不分正向負向對周遭的情緒與能源照單全收。據說，有些人會因為過度吸收大家的負面情緒而身體不適，所以很怕到人多的地方。

聽到「欠缺保護自己的過濾機制、瞬間吸收周遭情緒的能力」，這無疑屬於與生俱來的資質，換句話說，被稱為共感人的人格是天生的（畢竟還會有人說這是一種超自然能力。）

不過，在 empathy 中，還有一個種類，不同於共感人的情緒性同理，那就是認知性同理。不是來自鏡像神經元的無意識的「共感力」，不知不覺腳上穿的是別人的鞋，認知性同理是一種自己刻意脫下自己的鞋、試著穿上別人的鞋的「想像力」，就算有人特別擅長於此，總不能說他們是共感人吧。那麼，這種人我們又要怎麼稱呼他們呢？

這大概是像我們這些隨處可見的其他人吧，不是像病態人格或共感人這種特別的人，而是我們這些平凡人，可以透過經驗和訓練培養出的想像力，那就是認知性同理。

同理心也有先天後天之分？

在思考先天的情緒性同理和後天的認知性同理時，因為我有教保員的經驗，不由自主就是會想到嬰幼兒。

倘若先天的同理心取決於人類在腦中對他人行為發生的鏡像作用，那麼即使是嬰兒應該也具備這樣的習性。只要想起幼兒園零到一歲小孩的房間就顯而易見，因為嬰兒房裡的幼稚園生，在午睡時間會因骨牌效應而入睡。教保員開始輕搖嬰兒身體、或輕撫額頭、臉頰哄他們睡覺，只要成功讓一、兩個寶寶睡著，其他嬰兒看到，就會自動在房間各地睡著。還有，才出生幾個月、只會到處爬的嬰兒，只要房間裡有人哭了起來，其他嬰兒就會像被傳染似地也開始哭。常常可以看到只要有嬰兒發出「噠ー噠ー」或者「啊ー啊ー」聲拍起手來，周遭的孩子們也會跟著說「噠ー噠ー」開始興高采烈地拍手。

一般而言，教保員把這種現象稱為「拷貝的能力」，如果這也是鏡像神經元造成的，那麼，嬰兒已經具備這種沒人教過的能力也很正常。

不過，嬰兒時期由於骨牌效應乖乖睡著的孩子們，隨著長大慢慢不跟著睡了，即使有人哭也漸漸不受影響，開始停止拷貝他人行為。這或許是腦中的保護過濾機制開始覺醒，以避免過度吸收周遭的情緒或想法。我想起被放在午睡床上的兩歲孩子，會看著周遭孩子們一個接一個睡著時，一邊打呵欠，硬是睜大雙眼瞪著天花板，這或許就是人啓動保護過濾機制，以防情緒性同理過度作用的樣子。

不過，談到意味著對他人想像力的認知性同理，不管任何孩子，都不是已經具備的能力，需要由大人教育他們。擔任我幼教師父的上司常說：「要教他們情緒的名字，孩子們此刻感受到的情緒是什麼，要說明給他們聽。」

例如，兩歲的孩子在玩小汽車，因為沒辦法讓車子照自己心意跑而發脾氣，把車子朝房間另一端丟出去，這時候，教保員應該說給他聽：「你現在很懊惱對不對」，並且還要說明為什麼孩子會那麼生氣：「小汽車沒辦法控制很懊惱對嗎？玩具不會動很討厭吧。」

這是為了讓本人可以了解自己的情緒，並用語言描述，不過，不只如此。藉由這樣定義情緒、賦予名稱，人會學會對他人的情緒也能在自己內部轉換成語言、進一步理解。如果「傷心」、「生氣」、「孤單」等字眼和帶來這些情緒的理由之間能夠連上，當看見同樣因為玩具不會動而丟擲玩具的孩子，就會明白「他現在很懊惱」。我認為認知性同理就像這樣，不屬於瞬間被他人情緒傳染的類別，而是學習、訓練以邏輯深入探索造成對方某種情緒的理由之下的成果。

《災難烏托邦》呈現的深度問題

蕾貝嘉・索尼特（Rebecca Solnit）在《災難烏托邦》（*The Faraway Nearby: A Paradise Built in Hell: The Extraordinary Communities that Arise in Disaster*）中寫道：

我們談論情緒時，多半會談開心還是傷心。前者是帶著滑稽的開朗，後者則是純粹的負面情緒，不過，用「深還是淺」、「豐富還是貧瘠」的角度來觀察，或許我們會更容易掌握自己的體驗。

她主張「最深的情感」、「直接觸及個人存在核心部位的情感」、「喚醒一個人最強烈的感受及能力的情感」能夠「即使在臨終前、戰爭中或緊急情況下依然豐饒多采。」相反地，在平和時刻「被武斷判定為幸福的情境，往往只是一種與絕望谷底的隔絕」，而在這種層次深度的隔絕中，人們會以開心還是傷心這種情緒作為行為基準。

「深還是淺」這個問題，似乎也可以平移到兩種同理心。情緒性同理，例如看到有人好像很幸福，自己也跟著微笑，不會去思考看起來幸福的人是否真的幸福，總之先在腦海產生鏡像作用，跟對方一起笑。像是在淺灘上迎合周遭，像個好人，但沒有深度。

相對的，認知性同理則是對即使無法贊成、無法產生好感的人物，還是去想像他們內心在想什麼。成為前提的對象有時是自己討厭的人，面對這樣的人，在腦中產生鏡像作用的可能性不高（畢竟打呵欠較容易在親密對象之間傳染。）這種情況跟無意識產生的鏡像作用的性質是不同的，因此，人不會只停留在（或者不受限於）「喜歡還是討厭」、「開心還是傷心」這些淺薄的情緒層面，而會努力嘗試深度洞察。

這一點對思考「人民主義」（popularism）有所助益。一般大家稱為「民粹主義」（populism）的，多半其實指的是「popularism」正如片岡大右在譯書《論民主主義非源自西方》（*There Never Was a West Or, Democracy Emerges From the Spaces In Between*）中將 populist 準確地以「民眾中心的」[39]這個譯詞來取代，我個人也認為不該把「民眾中心主義」[40]（populism）與「博取人氣主義」[41]（popularism）混為一談（因為民眾中心主義在庶民之間其實也不是那麼有人氣。）所以，這邊我刻意選擇「博取人氣主義」一詞，「博取人氣主義」正是把情緒性同理利用得最徹底的主義。舉例來說，假設有大受同性支持的女性政治領袖，在疫情中戴著口罩出席記者會。在某個場面下脫下口罩露出臉，然後說：「哎呀，我忘了擦口紅」，媒體會不約而同亮起閃光燈，這種情況下，女性政治家因為清楚日常生活中會化妝的人，很多都有類似的經驗，所以會刻意用言詞說明；而不約而同按下快門的媒體也很清楚這種鏡頭才是大家喜歡的，所以把它拍下來。

人們會在覺得「那個名人跟我一樣」的時候產生好感。換句話說，目睹政治領袖這種強勢立場的人，出乎意料跟自己經驗了同樣的日常瑣事，在腦中會產生鏡像作用，讓自己的形象跟領袖的形象重疊。在此瞬間，腦海裡自己變成了她（女性領袖），這種片刻越多，就越會覺得對方是「親近」的存在。

對沒見過面也沒講過話的人感到親近是一種難以理解的現象，不過，或許是透過影片、照片產生鏡像作用，在自己腦中會感到親近吧。不止政治人物，演員也是，任何名人都如此，越是「親近」且「真實」的人物（或越是偶爾會讓人窺得這一面的人）就越受歡迎，或許是因為他／她們提供了大眾容易產生鏡像作用的瞬間或形象。而人們喜歡鏡像作用的理由，是因為那是埋藏在我們大腦中一部分的功能，是一種本能。很可能透過這樣的本能，感覺跟別人化做一體，對人類而言很舒服，共鳴與共感容易使人狂熱的最大理由應該是因為那是一種快感。

這種快感連還不怎麼會說話的幼兒都懂。在幼兒園吃午餐，打開家長各自做的午餐盒，如果發現有同一個牌子的優格，有的孩子就會開心地說「一樣、一樣」；也有孩子在幫他們換泳衣時，看到有人穿同樣花色的內衣褲很開心，之後不知道為什麼就變好朋友了。人對於有人跟自己「一樣」就會很高興，或許這跟人不想被排擠在外的迴避危險本能有關。

不過，相對地，也有非常少數的孩子會對「一樣、一樣」顯得漠然。在大家說「某某某跟我一樣」或「我要跟某某某一樣」，用水彩開始塗畫圖畫紙時，只有一個孩子拿起剪

39 Populist，民粹主義者，此處為保持作者原意，故保留日文譯法。

40 Populism，民粹主義，又譯平民主義、大眾主義、人民主義、公民主義，指的是一系列強調「人民」觀念並與「菁英」相對立的政治立場，多與反建制和反政治形態掛勾。此處為保持作者原意，故保留日文譯法。

41 Popularism，人民主義，此處譯自作者原文「人気取り主義」。

刀剪起圖畫紙。這種情況，在英國，規定教保員不能斥責孩子：「一開始要先塗水彩喔，只有你一個人跟大家順序不同會很麻煩的。」因為教保員在培育課程中會學到，人的創意，無非萌生自「我來做做看跟其他人不一樣的事」這種想法。這種孩子的行為是在抗拒鏡像作用的本能，可說是拒絕與他人一致獲得快感的行為，也可說是不因輕鬆就隨波逐流的孤高姿態。拿起剪刀開始剪紙的孩子，不陶醉於「一樣、一樣」這種與他人的共感、不受大衆或當場氣氛影響，用自己的手腦開疆闢土克服困難，試圖創造出自己的作品。這不同於淺灘上的歡樂雀躍，應該會是一種充滿困難與滿足感的深度創作經驗，即使是三歲孩子也一樣。

蕾貝嘉．索尼特認為，比起「開心還是傷心」，「深還是淺」更為重要，並不是關於創造力的記述，而是災難時的情形，不過她主張災難具備了「顛覆過往秩序、開拓全新可能性」的力量，同樣也是關於創造一個可提供替代選項社會的創意能力。

當然，災難令人心痛，受災者會經歷莫大的痛苦。媒體會將報導焦點鎖定在受害漩渦中心處那些死者及其家屬等極少數人身上，但是，中心外側存在更多人，雖然受災情況相較之下沒那麼嚴重，但被迫排除在日常生活之外。

索尼特說，災難時相互扶持，「如閃電光芒般照亮平凡日常生活」的，在於這個部分。大家會設立臨時救援隊、避難所、慈善廚房等救助場所，迅速開始互助，因為已經無法指望既往的秩序了。政府或官僚這些菁英份子集團，會因既往秩序無法運作而陷入恐慌，膽怯之中無法做出正確的判斷，不過在災難現場，會看到草根性强的人發揮驚人們的智慧及創意，組織起新群體，精神抖擻地動起來。

理所當然，發生災難的時候，生活很不方便、不舒適。用「開心還是傷心」的基準來看，既不開心，還會多了許多傷心的經驗。不過，在這種負面環境中，自然而然會出現為了生存而相互扶持的網絡，陌生人變成朋友，大家慷慨分享物資，驚訝於自己的恢復力，從這些經驗獲得的情感，絕非「開心還是傷心」這把尺所能衡量。索尼特表示，前所未見的「某些事物」，其誕生來自這種深度情感控管的領域。針對災難中的烏托邦，她描述如下：

人們互相幫助、互相關照，食物免費供應，必須大多在户外而且是公共場所生活，人與人之間一直以來存在的貧富地位差距和分裂得以消弭，不管每個人面臨的命運多麼嚴峻，藉由苦難同當，心情會輕鬆許多，曾經認為不可能的事，無關好壞，都變得可能，甚至已經實現，迫在眉睫的危機吹走了他們原本的不滿和煩惱，實現了一個人人感到自己有價值、有目標、身處世界的中心的社會。

當然，這種奇蹟般的經歷稍縱即逝，是一時的特殊狀況。即使如此，我們也不該忘記這裡出現的尺——「深還是淺」、「豐富還是貧瘠」——因為這不僅是提升個人，同時也是提升社會不可或缺的重要的一把尺。

蕾貝嘉・索尼特對娜歐蜜・克萊恩的批判

在《災難烏托邦》中，索尼特提到了娜歐蜜・克萊恩（Naomi Klein）的《震撼主義：災難經濟的興起》（時報出版）。

索尼特先給予《震撼主義》一定程度的肯定，表示這本書毫不留情揭露了菁英份子建構了圖利自己的經濟，如何在發生災難等緊急情況下吸食市井小民的血肉，接著她直搗問題核心。

她認為災難是「在我們心理上感到無助、物理上生活環境又被徹底剝奪之際，使我們創造出能以任何方式被利用的瞬間」，將最近發生的一場災難描寫成近乎酷刑，會招致「重度的定向感障礙、極度恐懼和焦慮、集體出現退化現象。」這樣的描寫，以出自一位親左派作家之手而言，極端令人訝異失望，它完全模仿了戰前英國政府的焦慮，但顯然並非根據調查，而是主觀認定下的產物。在紀念該書出版的公共論壇上，作者主張在極度危機之時，「我們不再知道自己是誰，也不知道身在何處。我們變得像孩子一樣，開始尋找父親。」

索尼特在現代災難研究領域卓越學者查爾斯・弗里茨（Charles E. Fritz）的研究中找到憑據，證明克萊恩「在緊急狀態下，這些庶民呈現恐慌狀態，集體退化成尋找父親的孩子」這個前提是錯的。

弗里茨來自美國密蘇里州，第二次世界大戰期間在英國擔任美國陸軍航空隊上尉。他在戰爭開始五年後抵達英國，當時英國人民因長期以來衣、食、住的匱乏，處於水深火熱之中。弗里茨認為大家應該都筋疲力盡、驚慌失措，並因憤怒、焦慮和絕望而出現「個人及社會都士氣盡失的現象」，但是英國當地庶民的樣子把他嚇壞了，因為「舉國人民都在盡最大的可能享受人生、充滿幸福光輝，更驚人的是人人高聲歌頌快樂及對人生的熱愛。」

第二次世界大戰期間英國庶民的強韌是個歷史事實，英國常用「BRIT GRIT」（英國人面對困難時展現的堅毅氣慨）一詞來形容這種韌性。歷史學家瑟琳娜・陶德（Selina Todd）在《人民：工人階級的興衰一九一〇—二〇一〇》（*The People: The Rise and Fall of the Working Class, 1910-2010*）中也寫道，第二次世界大戰是一直以來受到二等公民對待的庶民（也就是 People＝工人階級）第一次躍升為社會主角的時期。

但是，在一九四〇年當下，英國政府完全是以上對下的眼光看待工人階級，真心認為貧窮階級的人都缺乏自制心、有暴力傾向，擔心他們在戰爭中會陷入恐慌、四處竄逃、讓國家陷入一片混亂，因此，他們為了預防歇斯底里的情況發生，向家家戶戶散發名為「當敵人入侵時」的傳單，並擬定政策，要讓所有城市地區的兒童疏散到各地。

不過，當危機來臨，英國的草根民眾就開始發揮了他們的真本領。他們沈著地互相幫助，在活潑互開玩笑中，團結一致努力克服危機。至今英國大眾依舊以當年的「BRIT GRIT」為傲，伊麗莎白女王之所以在新冠疫情中的演講裡引用了戰時流行歌曲「我們會再相見」（We'll meet again）的歌詞，也是試圖傳達訊息，期許大家憶起在過去那段非常時期中庶民展現的冷靜不屈精神。

弗里茨在戰爭接近尾聲時，被分配到一個部門，準備調查空襲對德國人民產生的效果。在那裡，他也目睹了德國人民士氣從未受到影響的景象。一般認為英國人對轟炸反應的冷靜出自他們獨特的個性與自尊；而德國人高昂的鬥志，則是來自他們堅定的服從精神。不過，這樣的理由大概無法滿足弗里茨，退伍後，他便開始全心投入災難行為的研究。

在一九六一年發表的一篇論文中，弗里茨指出，一直以來，大家都抱持刻板印象，相信在災難時期，人類會發生集體恐慌，完全無法為他人著想、踐踏他人，等恐慌稍稍平息後，又會陷入歇斯底里狀態。還有另一種刻板印象是「災難會讓群眾茫然無助，完全依賴外部的指導及組織化。」

索尼特指出，克萊恩的《震撼主義》正完全繼承了同樣的主觀認定。索尼特提出異議：「庶民真的如此愚蠢被動且無力嗎？」

弗里茨和索尼特主張，庶民在非常時期更能體認到正確的「個人責任」，發揮平時遭到政權或菁英階遏阻、壓制的「主體性」，開始主動讓區域社會運作。

弗里茨點明，理由在於「日常生活已經是一種災難，而實際發生的災難能將我們從原有的災難中解放出來。」日常經歷的喪失、匱乏或危險事件會分別降臨在個別的人頭上，但在緊急情況下，大家則會共同承擔一切，因此倖存者之間會產生一種親密的同舟共濟的情感，消弭了社會上的孤立，萌生心理和實質物理上的互助，內心因安全感和信任而得到滿足。這不同於平時的秩序，按照弗里茨的說法，是一個「『局外人』變成了『局內人』」，原本位於邊緣的人成了中心人物」的世界。

這無非是一種價值觀的轉換。比方說，封城中的英國也出現了同樣的現象。平時從事低薪、不起眼工作的勞工（超市店員、垃圾收集員、護理人員、照顧服務員、公車司機等），現在被稱為「關鍵崗位工作者」，大家都視他們為英雄。電視和網路都反覆播放「感謝各位關鍵崗位工作者」的留言，每週固定時間為他們鼓掌的習慣也持續了一陣子。

這正是原本處於邊緣的人成了中心人物的景象。藍領階級的勞工，成為緊急狀態下撐住這個社會不可或缺的存在。弗里茨說，這是因為「大家會以前所未有的明確度察覺到潛藏在內部、所有人都會同意的基本價值觀。」他還寫道：「大家在面臨災難時會知道，『維護這些價值觀需要集體行動，個人與團體的目標必須合為一體，密不可分。』」個人與社會平時不一致的需求，在非常時期會變得一致，並且在這樣的情況下，對人加以分類的看法會被遏抑，相互體恤，大家會變得友善，而這些行為能夠暫時排解日常的疏離和孤獨感。

但是，在這裡我心頭浮現了疑問：倘若人的內心潛藏著「所有人都會同意的基本價值觀」，那麼為何在平時這樣的價值觀不會顯現出來呢？還有，如果在非常時期個人與社會的需求會變得一致，為何平時就無法一致，往往呈現彼此對立的狀態呢？為什麼沒有發生緊急狀況的時候，對人加以分類的看法或偏見總是存在、分裂和對立越趨嚴重，導致人總是活在疏離感和孤獨感當中呢？

寬容與同理心

其中一個可舉出的理由是災難中產生的問題大部分都很單純。

在救援、支援、互助的情況下，解決方案（挖出埋在瓦礫中的人，煮湯給飢餓的人喝）和自己的角色都很明確，相較於面對平時那些曖昧、複雜、不知道問題本質為何的議題，在某種層面上容易多了。

平時會引發激烈爭辯的解決方案的差異（例如經濟或意識形態），在危機之際會被暫時擱置，因為最優先的是救助眼前的人，彼此都會覺得其他事可以暫時忘記，換句話說，大家會脫下平時穿的那雙個人思想與信念的鞋，積極穿上別人的鞋，提供別人需要的東西，努力讓別人生存下去。

值得玩味的是，索尼特分析表示，這種幫助別人生存的舉動無法斷言絕對是一種利他行為。有一本以利他主義與民主主義為主題的書叫做《撒馬利亞人的困境》（*The Samaritan's Dilemma: Should Government Help Your Neighbor?*），索尼特從中引用了以下段落：

> 利他主義者的證詞出現了一個驚人的悖論，他們多半並沒有把利他主義的行為視為自我犧牲，而是將其視為一種施與受同時並行的互惠關係。當他們幫助別人時，會從中得到跟大家同在一條船上的感覺；助人可以讓他們覺得自己是比自己更大主體的一部分；只要協助他人，就能感受自己被需要、有價值、把在這個世界上的時間過得有意義；助人提供了人生目標。

索尼特表示，災難發生時，想變得利他的人數激增，大眾成為利他主義者的需求變得迫切。這是因為在自己的生活及生命受到威脅的經驗中，人們必須尋求活下去的目的，如果無法度過超越「開心還是傷心」層次的深刻充實時光，人們會陷入連自己的生存都顯得艱難的狀態。正因如此，索尼特說，在九一一襲擊事件之後「紐約的大街小巷都擠滿了人，試圖找出自己可以提供的、（中略）或是自己能做的、有意義的事。」

但是，不同於平時的「共存」或「共生」，緊急情況下「共生存」的烏托邦，會在恢復日常軌道時消失無蹤，取而代之出現的是對立。在各自並沒有感到生存危機的情況下，人就不再相互扶持，不再上街四處尋找有沒有人需要幫助。

原本試圖建立平等互助社會的那些人，開始以一種極不寬容的方式蔑視彼此，對於「我跟你這種傢伙不一樣」這個事實，甚至抨擊彼此。這種現象似乎也不是什麼新鮮事，從以前就如此了。可以確定的是有些時期情況嚴重，有些則否。在一九五一年，第二次世界大戰結束六年後，渡邊一夫發表了一篇文章〈『寬容』為了捍衛它本身，是否該對『不寬容』不寬容？〉（寛容は自らを守るために不寛容に対して不寛容になるべきか？），每當我讀到這篇文章，就會思考上述情況。

渡邊寫道：「無論回顧過去歷史，或放眼我們周遭呈現的現實，往往都能找到寬容為了捍衛它本身，打著擊潰不寬容的名號，採取不寬容手段的實例」，並感嘆很悲哀地，就是會出現這種令人深痛惡絕的「符合人性的事實」。他還寫道，契約和法律是人類淨化弱肉強食、懷抱從生死鬥爭中前進的意志而擬定的，但正如一份規定不說謊、不殺人的契約，會需要一份新的契約，去規定寬容不能對不寬容不寬容。看來渡邊應該相當厭倦當時那些「符合人性事實的出現」。

渡邊指出，就連各種契約原本都是為求社會整體和諧而訂定的，但卻有人卻躲在這樣的防護罩下施展暴力。有一段敘述：「例如動輒拿法律當擋箭牌欺負弱者的人、在十字路口對民眾大吼的警察等，都可說是將暴力加諸於原本有益於契約上的人」，這讓人聯想到日本在新冠疫情下出現的自肅警察[42]式言行，以及重新點燃「黑人的命也是命」（Black Lives Matter）運動的明尼亞波利斯事件。

渡邊主張，越是需要現有秩序的人，越需要牢牢記住，在這些擾亂秩序的人當中，有些人被迫比其他人更強烈地感受到那些秩序的缺陷、也有人是那些缺陷的犧牲者，為其所苦。因為「要求他人遵守秩序的人，都是對那些秩序心存感激的人，那麼，正因如此，他們更該力圖秩序的改善與進步。」越是自己不可或缺的東西，越應慎重考慮對他人的影響，虛心認知尚有改善空間，必要時改變它，否則秩序本身就會瓦解，他的主張極為合理。這裡也同樣展現了一個事實，就是，為他人著想實際上就是為自己著想。

渡邊以基督教為例，原本應該是寬容的宗教，如何變得不寬容、教條化、迫害異端、乃至於自相殘殺，他開始關注在中世紀嘗試「基督教人性化」那些人的思想上，關於「人性化」

42　在新冠疫情中，自恃正義、要求他人進行自我約束，否則會以自己的方式監管或懲罰他人的人。

思想，他陳述如下：

我只願包括自己在內的所有人類，都能深諳「處世」之道。為什麼不能祈願所有人類都能順利處世呢？並且，我也希望大家能夠明白為何在此我要刻意選用「處世」這種帶有奇妙意味的詞彙。

讀到這段記述，我想到大衛·格雷伯的《論民主主義非源自西方》。關於不是紙上談兵的民主主義，而是可實踐的民主主義，格雷伯寫道，它無關乎國家這個框架，而是在文化、傳統和經驗都截然不同的大眾「之間」累積形成。他認為民主主義無關乎悠久的西方思想史或傳奇文學家等，而是海盜船、印度洋貿易共同體、美洲原住民部落聯盟所實踐的東西，因為，在這些場合「各自擁有不同傳統經驗、形形色色的人，為了找到折衷點，必須先找出一定的方法。」

民主主義既不是不同群體互鬥以決一勝負的弱肉強食制度，也不是要評斷哪一方才正確的劣肉優食制度。在多元思想、宗教及生活習慣的人交會的繁雜場所，為了讓所有人融洽地共同生存下去而實踐至今的民主主義，怎麼可能只是分成兩派一味相互攻擊那麼一回事呢？它應該是大家在確認彼此存在差異、甚至抱持相反的信念當中，相互探索彼此能互讓到什麼地步，在磨合「之間」的空間持續進行的一連串務實對話。

渡邊一夫寫道，以不寬容來回報不寬容，不啻為「寬容的自殺」。一旦自己也變得不寬容，只會壯大不寬容，如此一來，就成了增加世界不寬容總數的幫凶。

即使如此，不寬容乍見彷彿合理而純潔，看起來像是對自己的思想或同志抱持誠實的態度，也像是一種勇敢的堅決姿態，正因如此，選擇這條路的人絡繹不絕；相對的，要實踐寬容需要耐心毅力，執行起來困難，卻容易被認為是一種怯懦的態度。關於這一點，渡邊是這樣寫的：

不過即使如此，我願意相信人類的想像力和工於心計。我認為，人類只要有更豐富的想像力，加上更工於心計，自然而然就必定會選擇寬容。在這裡，我也刻意選用了工於心計這種不討好的字眼。

這段敘述，我讀起來像是在說，當人類有更豐富的想像力（認知性同理），加上更懂得精打細算的工於心計（思考過什麼才是真正為自己好的利己主義），人就必然會選擇寬容。

我認為渡邊在第二次世界大戰這場人為大災難結束六年後寫的這篇文章，也會是照亮疫情後社會的一盞燈。

第7章

找麻煩、產生連結

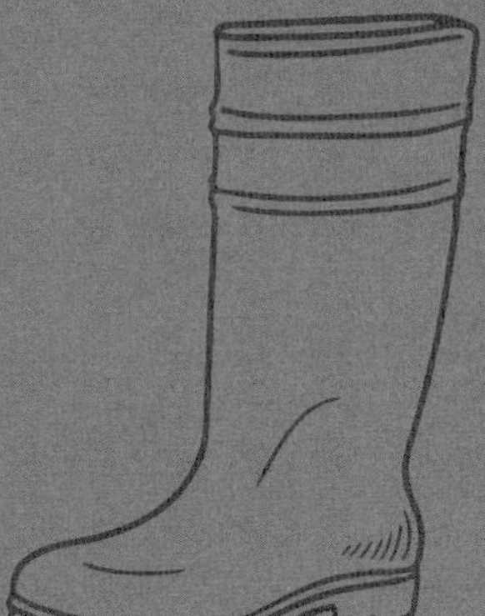

新冠肺炎災情下的網狀法則

其實我是英國國內最早期接受新冠肺炎ＰＣＲ篩檢的居民之一。

二〇二〇年二月初我去了日本，在東京工作了一週左右，再回到英國幾天後，開始出現發燒及咳嗽症狀。我記得機場到處貼了告示：「搭乘由下列國家出發的班機入境英國的乘客，入境後十四天內出現發燒或咳嗽等症狀時，請撥電話至ＮＨＳ（國民保健署）」，那張國家清單中確實包括了日本，因此我依照指示撥了電話到國民保健署。

當時英國的新冠肺炎感染者還只有個位數，不過我們布萊登有些令人憂心的預兆，因為有一位男性去亞洲旅行，歸國後成了第一位感染的英國人，感染已經在市內擴散了，而且，我在去日本的前一週造訪過其中一位感染者的職場。

由於「鑽石公主號」（Diamond Princes）郵輪群聚感染事件，日本儼然被視為次於中國的「新冠肺炎聖地」，而這個剛從日本回來的人，還去過被視為「污染地」的布萊登感染者職場，並且回報「有發燒、咳嗽」，國民保健署當然是不容異議地命令我進行自主隔離並接受檢查，我立刻受檢。

在檢查結果還沒出來的時候，我想了很多。就算自己感染了新冠肺炎，只要在家睡十四天就好，我並沒有特別覺得害怕。

倒是覺得，事情麻煩了。

想到要面對的麻煩，我覺得比感染更不幸。當時學校還沒關閉，我必須跟兒子中學的老師說明狀況，並且讓兒子請假到檢查結果出來為止。在我去日本期間，我拜託先生為了照顧兒子向公司請假，如果現在變成又害他得自主隔離兩週，脾氣再怎麼好也會生氣吧。

不過我最在意的是去日本前，在我去感染者職場時，回程買了馬鈴薯和牛奶送去給鄰近的老太太，畢竟她身體原本就不好，我有可能傳染給她了。我也想起為了自來水管線施工出入我家的業者，我記得以前他好像說過太太有氣喘。還有，我從布萊登前往希斯洛機場時搭的接駁客運，坐在我旁邊很友善的愛爾蘭女性是孕婦，我開始一個接一個想起往返英國日本當中遇見或錯身而過的人，當我想到他們每個人都有家人、同事、搭電車鄰座會有人、在商店排隊等結帳時也會有人排在他們前後，這些人數就這樣無限膨脹下去。

以我為起點，我感到身後有一張肉眼看不見的巨大蜘蛛網無限延伸。

不知為何，我想起在吉野源三郎的《你想活出怎樣的人生？》（先覺出版）中主角小哥白尼所主張的「人類分子的關係，網狀法則。」小哥白尼以奶粉為例，想像從澳洲牛身上擠出的奶，到進入遠在日本的他口中的過程。他發現牛與自己之間，有「照顧牛的人」，還有「從汽船把貨卸下來的人」等數不清的人存在，大家透過奶粉的生產、流通、消費串聯起來，因此他認為「所有人類分子就像一張網，在不知不覺中與許多自己從未看過或見過的人彼此相連。」這種「網狀法則」，一般被認為像是馬克思《資本論》〈第一篇 商品和貨幣〉（聯經出版）中商品論的總結，而正好在我想到它其實也適用於病毒感染時，我的檢查結果也出來了，速度還蠻快的，畢竟當時接受檢查的人非常少。

結果是陰性，不過不知道是否對於像我這種平時健康得不得了的人而言，比起新冠肺炎，一般的感冒更難受，遲遲不退燒，痛苦持續了好一陣子。不過，總之新冠肺炎感染版「人類分子的關係，網狀法則」就此中斷。比起生病，我覺得更麻煩的是這張網不斷擴大這件事，所以知道不必擔心傳染給送馬鈴薯跟牛奶的老太太、自來水業者和在東京見過的那些人讓我大大鬆了一口氣。

順帶一提，金子文子在《逆權女子：獄中手記》（大塊文化）中，也寫了跟小哥白尼那個馬克思式察覺同樣的事。她仔細思考了在那「綿延連成一片」的連鎖中有人被剝削的部分。在觀察她幼時住過的山梨山間小村落後，她寫道：「我的想法是，既然村子裡可以養蠶，農民取絲來紡織，去工作時也穿絲製和服去就好了，沒必要跟城裡的商人買樸素的手織條紋棉布或腰帶。就是因為都把蠶繭或煤炭賣到都市了，才會被迫買品質低劣很多的棉或髮簪什麼的，在隱藏於交換中的錯綜複雜機制下，鄉下的錢都被城市奪走了。」

小哥白尼從奶粉這項商品、金子文子從蠶繭這種原料，各自從相反的方向想像了資本主義社會上的經濟活動連鎖，不過我們在日常生活中很少有機會想起這種「跟大批看不見的人之間綿延不斷的連結」。我們很容易認為自己或自己的生活跟他人是各自獨立的，消費和生產也是個別的行為。

如果一九三七年出版的《你想活出怎樣的人生？》中的小哥白尼和一九二六年死於獄中的金子文子，都透過馬克思式經濟理解了與看不見的眾人的連結，那麼二〇二〇年的我們不也透過新冠肺炎開始實際感受到這一點了嗎？

我們看起來似乎孤立，其實完全不是那麼回事。

費邊的理想、左派之黨派性

在連日的新冠病毒報導中（雖然它自始至終並沒有引發什麼熱烈討論），英國工黨爆出一起重大醜聞：有一份指控英國工黨有反猶太主義之嫌的調查報告外洩。

在前黨魁柯賓時代的工黨，特別是越後期可以聽到越多人討論黨內反猶太主義者，大家批判這些黨員歧視性的言行已造成猶太人的痛苦。有些議員因黨內領導階級沒有提出足夠因應對策而脫黨，工黨前副主席邁克爾·杜格（Michael Dugher）就說過「我認為工黨整個組織都有反猶太傾向」，甚至表示工黨向來一直容許對猶太人的敵對行為。二〇一九年十二月大選前，負責帶領猶太教正統派的英國首席拉比（Chief Rabbi）批評工黨沒有盡力採取根除反猶太主義，也成為眾所矚目的焦點新聞。

在輿論高漲下，英國平等及人權委員會（EHRC）針對工黨內部反猶太主義的指控展開調查，結果這份報告外洩，赤裸裸揭露了柯賓黨魁時代工黨黨派紛爭（雖然黨內分黨派也是個詭異的概念）的全貌。

據聞，本應取締工黨內部的反猶太主義言行、並進行調查的黨政司法部人員中有不少人是反柯賓派，他們是蓄意怠忽職守。英國《衛報》（二〇二〇年四月十二日）報導，該文件有如下內容：

> 包括GLU（管理部、司法部）的職員或處於管理、監督管理部、司法部立場的幹部職員在內的許多職員，都激烈反對由傑瑞米·柯賓擔任黨魁，他們不是完全失去士氣，就是高度關切進行派系謀略的工作。
>
> 更極端的例子，職員當中甚至有人覺得不利於工黨的事發生越多越好，因為這樣一來或許就可以把傑瑞米·柯賓從黨魁的位子上拉下來。

光是如此就足以感受到派系政治的幼稚（到哪裡都一樣），但該文件中據說還包含工黨幹部在聊天應用程式 WhatsApp 上互傳的訊息內容。有人稱柯賓派的黨內職員為「托洛斯基主義者」、「吸血鬼德古拉」，也有人將女性職員說成「瘋女人」和「臉長得像牛的母狗」。

工黨再怎麼說也算是左派政黨，所以職員當中應該有許多人也認為「歧視很不可取」，倘若如此，正常應該會把反猶太主義視為嚴肅敏感的問題，但如果他們卻因黨內派系問題而看不清事實，刻意草率處理反猶太主義如此嚴重的指控調查，甚至寧可歧視滲透黨內、讓世間抨擊的話，派系之爭真的是讓人失去理智的東西。

像柯賓時代工黨的影子內閣財政部長約翰・麥克唐納（John McDonnell）這樣的人，就會感嘆如果沒有這種愚蠢的內鬥，今天的英國將會有截然不同的狀況。

不過，現在這樣叨叨念念也沒什麼建設性，重要的應該是更認真思考這個醜聞「現在」爆發出來帶來的傷害。

當封城階段性解除，對染疫的恐懼感緩和後，大家的注意力就會一起轉向經濟，也常常可以聽見道義經濟（moral economy）一詞。在英國，從三月底開始就持續每週四晚上八點向「關鍵崗位工作者」拍手致謝的慣例。這些被譽為英雄的護理人員、照顧服務員、超市店員和垃圾收集員，從事的明明是社會價值高的工作，但他們勞動的市場價值卻低得荒謬，這次的事情，令很多人開始關注這個問題。

柴契爾時代以來的新自由主義經濟，被野心及菁英政治（meritocracy）[43]等言詞正當化，但新冠病毒在這裡開了一個突破口。大家注意到「別無選擇」在絕大多數的情況下都是謊言。因為在疫情擴散中，一直以來大家認為永遠不可能停止的活動，一下子都停下來了。平時被要求「去工作」的人，國家突然要求你不准通勤，還很豪氣地表示會補償你八成的薪資；平時被叮囑「不能不去上學」的孩童，現在也被要求「不准去學校」，關在家裡好幾個月。

結果像我居住的布萊登二氧化碳排碳量減少了高達百分之六十，空氣清新、天空蔚藍，幾乎要懷疑自己究竟住在哪個國家了。「籠罩在灰霧中的國家——英國」的風景，原來總歸一句話，都是來自空氣污染。回想起八〇年代和九〇年代我還年輕的時候，在倫敦到處跑，一整天下來擤完鼻子面紙都是黑色的鼻水，原來後來情況也並沒有改善多少。

保守黨鮑里斯．强生（Boris Johnson）首相早就發現强硬的新自由主義及財政緊縮時代已然告終，所以在二〇一九年十二月大選中，他也反覆宣稱會進行財政支出擴大，特別是對國民保健署的投資。在這次新冠肺炎疫情中也是，一開始他選擇以獲得群體免疫為目標的路線，但實在太為人詬病，於是他來個一百八十度大轉彎，但在這當中首相自己確診住院，一邊激賞療養中照顧自己的醫療相關人員，同時還發言表示「所謂的社會是存在的」，這句話完全推翻了柴契爾所說「所謂的社會並不存在」。這樣的發言顯然是鑑於封城中英國社會的情緒，完全算計好怎樣的言論會得到大衆肯定。

不過，這原本應該是屬於傳統工黨的想法，在這個領域中，工黨擁有豐富的歷史資源。回溯到十九世紀威廉・莫里斯（William Morris），之後由理查・亨利・陶尼（Richard Henry Tawney）發展出來的倫理社會主義，對於經歷過新冠疫情的英國人而言，應該會是廣受支持的思想。陶尼是費邊社第二世代的思想家，他鼓吹將社會目標置於商業及個人利益之上經濟之重要性。費邊主義者試圖透過漸進式的社會改革來實現社會民主主義，而非教條式馬克思主義的蘇聯型國家社會主義。費邊主義者與工會不相上下，向來同為工黨的支持基礎，而他們的「共有」與「友愛」精神，將是生存在後新冠疫情社會的人所企求的。

這個時代，大家都切實感受到，無論好壞，人都無法獨自存活，也並非獨自存活。正因為這個時代彷彿會再度出現像莫里斯或陶尼的人，工黨因內鬥醜聞衝擊而失去堅定立場，相當致命。當大眾察覺必須將費邊式的友愛理想注入經濟與政治之際，本應為鼻祖的工黨卻又是「長得像牛的母狗」又是「德古拉」的在那邊爭執不休，再怎麼高唱人道也不會有選民相信。

43 在政治學上之一種理論，認為政府應由少數具備知識、財富與地位的社會菁英，來進行政治決策，統治主導社會走向。

Sympathizer 源自 Sympathy

思考英國工黨醜聞時，我會想到日文的「シンパ」（shimpa）一詞。雖然現在已經幾乎沒人用了，但在過去，政治黨派和「シンパ」（shimpa）這個用語曾經密不可分。

如今想起來，這個「シンパ」（shimpa）正是「sympathizer」（支持者、共鳴者）的略詞，原本來自「sympathy」。「shimpa」跟「オルグ」（orugu）[44]等一樣，都是學生運動盛行時期頻繁使用的詞彙，意思是贊同並支持某種特定政治思想、運動、團體或人物。當時會有像「共產黨的 shimpa」或「革馬克[45]的 shimpa」這樣的用法。這可說是忠實反映牛津學習者英英辭典中 sympathy 的定義：「對某種想法、理念、組織等表示支持或同意的行為」、「抱持相同意見或關注的人彼此之間的友情或理解」的用法。另外，也有人把它當作「同志」的意思來使用。

也就是說，英國工黨是因為「柯賓的 shimpa」、「反柯賓的 shimpa」之爭醜態畢露，成為醜聞，被過度的 sympathy 所擊沉。

另一方面，因新冠病毒而出現的人道主義，是「不分」對象的，因為傳染病無關乎種族、貧富或思想面的不同，任何人都無法倖免。它不像發生災害時的互助，並不具備可以遇敵則棄，見友則救的性質。這不是 sympathy，而是 empathy。事實上，應該有很多人在經驗這次新冠病毒感染後，提升了對他人感受的敏銳度。

比方說，我現在因為家裡在裝修，這段時間暫時住在別的地方，每週四晚上走出家門「為關鍵崗位工作者鼓掌致謝」，跟鄰近的人漸漸記住了彼此的長相。大家組織了一個志工團體，幫附近高齡者或有慢性病的人送食材到家；另外也提供關懷服務，定期撥電話給獨居、只有夫妻兩人住在一起的高齡者、或者有身心障礙者的家庭，詢問是否有生活必需品用完需要補充、或是陪他們聊聊天。我沒開車，沒辦法幫忙調度或配送食品，所以我參加的是後者。透過定期打電話給我負責的家庭，與老人家交談，我慢慢了解了原本不認識的人的生活狀況。我掌握了戰前和戰時出生的那些人喜愛的紅茶茶包品牌和餅乾種類。於是，我開始可以看見手機另一端的老人身後，還有無數類似情況的老人。這讓我開始思考，現在全英國有多少老年人想吃卡士達奶油餅乾卻不能去超市買？

有一天，半夜家裡附近傳來大吼的聲音，接著是玻璃破碎的聲音。我和先生忍不住跑出去看，我們暫住的區域是中產階級的新興住宅區，不同於半個世紀前住的都是同樣家庭、大家彼此熟識的公營住宅區。不過，即使如此，我們出去的時候，對面和隔壁的住戶也都出現在自家前院。總

---

44 「Organizer」的略稱，為擴大工會和政黨的組織，由總部派出，在工人及公眾中進行宣傳、遊說活動。也可指扮演這樣角色的人。

45 原文為「革マル」，是「日本革命共產主義同盟革命馬克思主義派」的略稱。

之，最後決定由我先生、隔壁的一位年輕父親和對面的一位中年男士三個人去傳出吼聲的房子看看。原來是正值青少年時期的兄弟因為受不了不能出門的壓力而吵架。母親要帶受傷的兒子去急診，但是他們沒有口罩可以戴，去不了醫院，所以我先生回家拿了幾個口罩給他們。

這一帶的氛圍原本比較一本正經、裝腔作勢，不過在非日常的狀況下，大家開始展現與平時不同的面貌。

經歷了新冠疫情之後，人人開始覺得「聽見的事無法當作沒聽見」。

罪惡感與同理心

話題回到我接受ＰＣＲ篩檢時的情形。

當時在我腦海中像一張網不斷蔓延的那些因為跟許多陌生人接觸而產生的連結，它的起源是什麼？

當然，最直接的原因是如果染疫了一切會變得很麻煩，不過，為何麻煩？那是因為如果我當時已經感染了，就必須請跟我接觸過的所有人自主隔離。一旦得知自己感染的事實，就無法「明明知道卻當作不知道」。

因為一旦裝作不知道，就會感到 guilt ——罪惡感。當然，得到傳染病並沒有罪，只是運氣不好。不過，如果自己明知可能已經傳染給別人，卻默不作聲，就會產生罪惡感。

有一個詞叫做 dolus eventualis，翻成日文是「未必の故意」（未必故意）。《朝日新聞》（二〇〇八年十月二日日報）將之定義為「一種嫌犯犯案之際的心理狀態，雖非抱持確定的犯罪意圖，但認為即使最終造成犯罪行為也無所謂，導致犯案。」換句話說，是指並不是刻意企圖傷害誰，但即使可預測可能會傷害到別人，依舊選擇冒險，結果導致傷害了別人的情況。

假設當時，我被告知檢查結果為陽性卻默不做聲，事情會怎麼演變呢？與我接觸過的人可能會在不知不覺中繼續與慢性疾病患者或高齡者接觸，我明知如此，卻佯裝不知，那就是「明明可預見感染會擴散，卻保持沉默、選擇冒險、傷害他人」的行為。這是未必故意。

但是，就算檢查結果是陰性，其實不也一樣嗎？因為誰也不能保證我後來沒有感染新冠病毒，當然也有可能傳染給別人。而這不也適用於世界上許多沒有接受檢查的人嗎？沒有接受檢查，不知道自己是陽性還是陰性，而明知如果是陽性，說不定會傳染給別人，我們依舊繼續去超市買東西、在外面工作。換句話說，在一個病毒四處擴散的社會中，幾乎所有人都被迫處於未必故意的狀態。

不過，仔細想想，這其實在平時也是一樣的。我們明知街坊的小書店一間一間倒閉，以及在亞馬遜（Amazon）倉庫工作的人雇用條件是如何不人道，卻仍然在亞馬遜賣書、買書。明知太平洋諸島的島國會一點一點沉進海裡，卻還是開車。在悲嘆日本國內教育落差日益擴大的同時，又為了讓自己兒女進入風評好的學校，而搬家到學校附近，使得鄰近土地價格高漲，造成低收入家庭無法居住在該學區。

試試看找個藉口：「但是建構起現在這個系統的不是我，而且就算我單槍匹馬抵抗現在的時代趨勢，也改變不了任何事。」然而，就算我們試圖像這樣俯瞰一切，也無法改變我們「知道」的事實。我們每個人都被鑲嵌在小哥白尼「人類分子之間的關係，網狀定律」的一部分當中，即使不直接參與，我們難道真的「不知道」自己參與了對某人的剝削、不適切的對待，或造成損害的連鎖嗎？

如果我們能夠說服自己，我們總是被人利用、在任何時候任何情況下都是受害者，我們就可以掩飾這種「知道」的感覺；但人並沒有那麼堅強，借用坂口安吾的說法，「人是可憐、脆弱的，因此愚蠢。卻又太軟弱，無法徹底墮落。」（《墮落論》）。

這段話讓我想起近些年在各式各樣場合聽到的那種破壞慾望。像這樣的社會，乾脆讓它徹底毀滅一次比較好。除非徹徹底底沉淪一次，否則世界不會改變。這種言論在新冠疫情前常聽到，那種所謂毀壞一切、從零開始的言論。如果好好思考應該馬上就會知道，這樣一來最先遭殃的一定是貧窮的人、失去健康的人和缺乏資源的人，偏偏就是主張要建立保護弱者社會的那些人爭先恐後被這種言論吸引。

他們說這是出於「絕望」。

不過，我想其實理由大概不是「絕望」。若是因為人類漸漸無法忍受「知道」的罪惡感，到最後承受不了這個重擔的可憐人類在集體無意識下選擇了破壞呢？倘若如此，在面臨新冠疫情擴大危機的非常時期，那些草根民眾的互助精神如此迫不及待、神采奕奕冒出頭的理由也就可以理解了。也就是說，我們追求的是從罪惡感中獲得解放。越具備高度同理心能力的人，罪惡感越強烈，因為當連遠方素昧平生人們的鞋都試圖穿上時，先進國家的人必定會產生罪惡感。而在這樣的社會，可以的話，大家都想忘掉同理心，因為這種東西還是別存在，人們才有辦法輕鬆活下去。不過，發生災難時，同理心是不會伴隨罪惡感的，因為它會成為彼此存活下去的正向力量。牛津學習者英英辭典網站對 guilt 的解釋如下：

> 得知自己犯了錯，或者因為這樣想而衍生的不開心（unhappy）情緒。

看了這個單純的定義，我發現一件事：講到罪惡感、犯罪意識聽起來很沈重，不過所謂的罪惡感，大前提是一種不開心的情緒。

人們想擁有開心的人生，不想因為「沒有幫助別人」這種不開心的情緒讓自己的人生蒙上陰影。如果是這樣的慾望驅使人們變得利他，我會覺得一切都說得通了。利他和利己非但沒有相互衝突，反而是相輔相成、比肩齊步的。

帶給別人困擾

前面寫的是我在英國所感，而閱讀日文網站上關於新冠病毒的報導，我無法不注意到有一句話一再出現。

「比起被傳染，我更怕傳染給別人、帶給別人困擾。我會無法繼續住在這裡。」

（〈新冠疫情之災、高齡者足不出户「這樣下去憂心臥床不起」〉，《朝日新聞》數位版，二〇二〇年五月十一日）

「醫療現場心聲：恐懼感與責任感讓我覺得『只要出現一位感染者，就會帶給周遭困擾。』」

（〈提供面罩給醫療現場　福岡大學運用3D列印機開始生產〉，《每日新聞》，五月十二日）

「這次，由於感染新冠肺炎，帶給許多人困擾，並造成大家的不愉快，在此致歉。」

（〈石田純一出院　為何激起眾人非難」〉，Yahoo! JAPAN 新聞，五月十三日）

「帶給別人困擾」這句話異常醒目。我突然想到，日文中「帶給別人困擾」的心情，是不是類似罪惡感呢？在害怕影響別人的這一點上，我覺得兩者似乎很像。

「帶給別人困擾」這個他動詞，翻譯成英文有「bother」、「inconvenience」等（英辭郎網站）。在牛津學習者英英辭典上查「bother」，得到的定義為「讓人煩惱、擔憂或憤怒。帶給人麻煩或痛苦」；「incommode」則是「給人帶來困難或問題」；「inconvenience」是「特別是跟自己需要或想要的事物有關的困難或問題。」也就是說，所謂的「帶給別人困擾」，應該是帶給人不快的情緒或困擾的不便，影響其心情的意思。的確，沒有人會在殺人之後說「我給死者帶來困擾了」，如果真的這樣講，遺屬一定會憤慨不已。

就這點而言，帶給別人困擾這個表現，並沒有像「罪惡感」帶有嚴肅的性質。不過，從「傳染給別人會帶給對方困擾」、「出現感染者，會帶給周遭困擾」這些表現看來，又會覺得在日本困擾和「罪惡感」有直接的關聯。意指帶給人不快、不便的「困擾」這個詞，跟「罪惡感」這個沈重的概念，以近乎相等的形式連結在一起。讓人產生負面情緒跟犯罪明明是完全不同的兩件事，但「帶給別人困擾」這個表現中，卻似乎模糊地混合了這兩種概念。

關於這個不平衡的奇妙現象，《日本時報》（*Japan Times*）有一篇文章〈我的Meiwaku[46]感〉

46　日文「迷惑」的羅馬拼音，意指困擾。

（My sense of Meiwaku），作者署名是湯瑪斯・迪龍（Thomas Dillon），有以下的敘述：

在人滿為患、以群體為中心、脫離不了和諧的日本，Meiwaku是個重要的詞彙，是大家從小灌輸給孩子的概念。另外有一個詞跟它有關的詞也會一起出現：Wagamama[47]，意思是任性。如果你任性，那你絕對是Meiwaku。從托兒所或幼稚園就會這樣教育孩子，Wagamama和Meiwaku是不好的。

原來如此，如果從小就被灌輸讓人不快、不舒服是一種「壞事」，那當然會連結到罪惡感，因為做壞事是一種罪惡。

前述《日本時報》的報導中，作者的妻子是日本人，她是這樣說的：

「對我而言，Meiwaku就意味著造成負擔，而我不想讓別人煩惱，所以不想成為人家的Meiwaku。所謂的生存之道並不是抱怨不公平，而是專注在自己能做出的貢獻。」

作者表示聽過許多日本人這樣說，他主張日本社會存在著矛盾。他對妻子提出反論：「雖然常常聽見群體、群體、群體，但是大家基本上都是個人、個人、個人，獨自生活。」

「說了那麼多，其實就算稍微帶給別人一點困擾，又有什麼關係呢？每個人多多少少都有需要被寬容對待的時候，而且忍耐別人，就表示別人也必須忍耐你。」

日本獨有的這種「不想帶給別人困擾」的概念，乍看之下是基於對他人的顧慮，其實也未必，因為正像前面所述，不想打擾別人的心情，其實反映了自己也不想受到他人打擾的心理。

一個把相互打擾、費心視為「壞事」的社會，就算表層看起來大家都在顧慮別人，其實在這個群體裡，每個人都是不跟任何人產生關連、「一個人」活下去的類型，也就是說，這正顯示出這個社會中每個人都希望活在一個「自我管裡」、以自我為中心的世界，如此一想，「不想帶給別人困擾」聽起來也變得不怎麼利他了。

想像人與人之間無限延伸的網狀連結，領悟人不是獨自活著而產生的罪惡感是「guilt」，而對比鮮明的是「困擾」，阻隔在人與人之間，讓人覺得必須靠自己解決一切。前者建立在與他人間肉眼不可見的連結；而後者則認為牽涉到他人是壞事，會盡可能小心避免，在這一點上，可說兩者正好完全相反。

這樣看來，sympathy（對他人的共鳴、志氣相投、同情）由於有黨派性質，會阻礙empathy；同樣地，「不帶給別人困擾」這個概念也因為會阻隔兩端，而斷絕了empathy的功能，因為能穿上別人鞋的人，必須是也能讓別人穿上自己鞋的人。蕾貝嘉・索尼特主張這種不允許相互關係性成立的概念或道德，其實違反了人類原本的欲望。

47 日文「わがまま」的羅馬拼音。

她在著作《災難烏托邦》中，對湯瑪斯・霍布斯（Thomas Hobbes）[48]提出的「人類在自然狀態下會像狼一樣，萬人與萬人爭鬥」之說表示懷疑，她主張人們在國家統治或平時的秩序停止失控時，會開始互相扶持。災難當中，人會忠實順從自己想跟別人產生連結、想跟別人互助的慾望。

所謂的忠實順從慾望，是開始任性、追求利己，認為「自己想開心起來」。如果開心的條件是免受晦暗罪惡感的苛責，那麼人不利他就無法幸福、無法放鬆。相互打擾、順從自己想開心的慾望與他人建立起連結，這是最接近無政府主義相互扶持精神的想法。以「困擾」一詞將他人的連結排拒在外的文化，與幸福和無政府主義都背道而馳。日本的大眾，應該要更任性自我、穿上別人的鞋才好。

48 英國的政治哲學家，現代自由主義政治哲學體系的奠基者。

第 8 章

快的同情心、慢的同理心

歐巴桑問題 49

前一陣子，我接受了日本某電視台遠距上節目的委託。

我原本就不喜歡上電視，可以的話全部都想推掉，努力說服我這個作者的是某出版社的某責任編輯。這位編輯負責過《82年生的金智英》（漫遊者文化）這本書，我收到的郵件是這樣寫的：

「我看過企劃書，感想是『歐巴桑現在是招誰惹誰了！』」

「『歐巴桑』一詞，在日本會用在像『這個歐巴桑是怎樣』的地方，好像就是個厚臉皮的負面形象，我很難認同。」

看了附件的企劃書，內容還真的會讓人懷疑，這是不是刻意要惹怒女性作者好讓她上節目（或是惹怒女性編輯讓她說服作者上節目）。

裡面說，歐巴桑問題中濃縮了女性抱持的鬱悶不快，正如諺語說：「老婆跟榻榻米都是年輕的好」。「女性的價值在於年輕」這種「年輕至上主義」蔓延於日本社會。可是，說來說去，將近四分之一世紀的歲月我都沒在榻榻米上生活了，到底期待我說什麼？

不過，結果基於一些現實社會層面的理由，我還是上了節目，在那場線上訪談中，我的談話內容如下：「歐巴桑」這個詞本身並沒有負面意思（例如並不會固定搭配「蠢」或「廢物」之類詞組），詞彙本身無罪，問題顯然出在加諸於其上之印象。比方說，在日本元號從平成進入令和之際，就像許多從事寫作的人一樣，我也接到邀稿要我「為平成時代做一個總結」，但是絕大部分平成時代的我都在日本以外的地方生活，並不是很了解那時候的日本，所以雖然手法有點老套，我還是研究了一下從平成元年開始的新語、流行語大賞清單。我發現平成時代第一年流行語部門獲得金賞的是「歐巴桑軍團」（OBATARIAN）[50]，而「性騷擾」一詞也在該年度獲得新語部門金賞。再來，相當於平成三十年的二〇一八年新語、流行語清單中出現了「#MeToo」，我一時的感想是：換句話說，平成這個時代始於性騷擾、終於性騷擾啊。

不過，看「歐巴桑軍團」是平成元年的流行詞彙我們就可以知道，「歐巴桑」一詞，在三十年前就有人開始用負面形象來包覆它，而三十年，正好是從嬰兒呱呱墜地到出社會、差不多開始對人生感到疲倦的長度。在如此漫長的歲月中，這個詞彙周遭不斷被塗滿負面形象、熟成至今，豈是一朝一夕能抹滅的東西？

話雖如此，我個人覺得「美魔女」是更難以接受的詞彙。為什麼中年美人會變成反派角

49 おばさん（OBASAN）：跟父母同年代的女性，包括姑姑、嬸嬸、阿姨及其他長輩女性。中文裡無長短音之區分，但在日文裡，おばさん不同於おばあさん（OBAASAN），後者是跟祖父母同年代的女性，包括奶奶、外婆、及其他年老女性。

50 漫畫家堀田克彥融合「歐巴桑」（OBASAN）跟「battalion」（軍團）的片假名「バタリアン」（BATARIAN），出了一部作品「オバタリアン」（中文版名為《開喜阿婆》），這個稱呼被拿來嘲諷臉皮厚、傍若無人、令人頭疼的中年婦女，一九八九年獲選為流行語部門金賞。

色呢？那是因為，為求父權制存續，中年女性只要留在家庭中養兒育女、照顧丈夫、做個樸素的好媽媽就好，如果上了年紀還很美，就可能會有人喜歡上她，搞不好她也喜歡上對方、墜入情網。這對於父權制而言是個威脅，因為這樣一來，父親就無法控制母親了。說中高年還很漂亮的人是「魔女」、「巫婆」、「怪物」的習慣，恐怕就是這樣來的吧。相較之下，「歐巴桑」一詞還保留了使用上單純潔淨、不帶雜質的可能性。

說起來，還有一個跟「歐巴桑」成對的詞彙，就是「歐吉桑[51]」。

我的教保員資格是在英國取得的，當時一再被叮囑教導的就是在小孩或年輕人成長的過程中，跟父母以外的大人接觸、對話的重要性。聽說日本幾年前吉野源三郎的小說《你想活出怎樣的人生？》重新引起關注，成為暢銷作品，這部作品中，引領主角小哥白尼的同樣也不是父親，而是「舅舅」（歐吉桑）。此外，英文把專門回答人生煩惱問題的女性稱為「Agony Aunt」，男性稱為「Agony Uncle」，直譯是「苦惱的阿姨」（姨媽、姑姑等）「苦惱的叔叔」（伯伯、舅舅等），總之就是能商量煩惱的、像阿姨或叔叔的存在。果然從古至今，在任何國家都一樣，大家都需要不是像父母那種太親近的關係，而是稍微保有一點距離的「叔叔」（歐吉桑）、「阿姨」（歐巴桑）當作商量事情的對象。

一方面也因為我是教保員，加上我在教保方面的師父特別抱持這樣的理念，我堅信孩子應該要由社會全體一起教養，因此，我認為社會上「歐吉桑」、「歐巴桑」的存在極為重要，在這個層面上，我也期待自己不要退縮，積極當一個歐巴桑。

第一，我聽說日本似乎已高齡化，一半以上的女性好像超過五十歲還是差不多在這數字上下。在這種環境下，如果大家一天到晚因為稱呼或被叫「歐巴桑」，就傷害到別人或感到受傷，那麼整個社會的人大概都會變得無所適從。除非制定個什麼《「歐巴桑」禁止使用條例》，把這個詞彙從日本社會徹底根除，否則我們是否應該趁此之際，將「歐巴桑」一詞中和一下、讓它不帶酸鹼性，較能提升大家的幸福度呢？

我想起以前曾經跟各種語言的翻譯工作者共用辦公室，當時有一位母語是英語的日英譯者問我：

「『歐巴桑』英文該翻成什麼比較好呢？」

「這個嘛，該怎麼翻比較好呢？感覺英文裡沒有對應的詞彙吧？」

「是不是只能翻成 a middle aged woman 呢？」

我們兩個都很煩惱，當時我們想到的是「lady」。比方說協助上學學童過馬路、手上拿個像棒棒糖的巨大交通標誌站在斑馬線上的女性（通常都會是學生家長），叫做「a lollipop

---

51 おじさん（OJISAN）：跟父母同年代的男性，包括伯伯、叔叔、舅舅及其他長輩男性。中文裡無長短音之區分，但在日文裡，おじさん不同於おじいさん（OJIISAN），後者是跟祖父母同年代的男性，包括爺爺、外公、及其他年老男性。

lady」。我不清楚在日本的政治正確性，有點遲疑是否能用這樣的詞彙，不過日本以前也存在「綠色歐巴桑」[52]這種表現。被稱為「a dinner lady」的人，我還在日本的時代，日文叫做「供餐歐巴桑」。就像這些例子一樣，有時候「lady」的確可以翻譯成歐巴桑，或許有人會覺得「lady」似乎給人優雅的印象，這個稱呼含有敬意，其實這個詞聽起來完全有足夠負面的可能性。例如有小孩朋友的媽媽坦承，有一次她去店裡問「有沒有體溫計？」店員不知道放在哪裡，於是跟其他同事說「lady 要找體溫計」，這時，她心想「以前人家都叫我 Miss 或 girl，我終於也到了被叫 lady 的年紀了嗎？」受到很大的打擊。「歐巴桑」也好，「lady」也罷，當概念上是用來稱呼一定歲數以上（也就是已經不是二、三十幾歲）女性的情況下，就有可能是「精神上會受到打擊的詞彙」，這一點在任何國家、任何語言當中大概都一樣吧。

相對於「歐吉桑文化」的「歐巴桑文化」

這時候，電視台女性工作人員說，其實她為了這個企劃，到街頭訪問了一些中年女性，不過大家說的盡是灰暗到「看不見任何未來」的絕望意見。我聽了之後表示其實應該沒必要那麼沮喪。

比方說，我自己開始出書是五十歲前後的事，在我三、四十歲的時候，想都沒想過自己到了這個年紀竟然會開始寫作，其實誰也不知道明天會發生什麼事，所以我們只有一條路，就是不懼一切往前衝。

不過，如果日本女性竟然對於上年紀這件事抱持晦暗印象到這麼嚴重的地步，日本媒體應該要負很大的責任吧。英國有相當多戲劇或電影主角是令人憧憬形象的中高年女性。

差不多是這樣的內容（事實上應該還講了很多），我持續講了四十到四十五分鐘，不過，這就是沒沒無聞爬格子的人的惆悵，認識的人作證表示「妳才出現一下下馬上就結束了」。電視採訪影片的編輯跟網路上只擷取一部分分享出去的作法很相似。

我自己住在英國，沒辦法收看節目，因此不知道哪些部分被「擷取出來分享出去」，不過節目播出當天，推特出現了非常多種的反應。有些是解釋上的謬誤，讓我覺得「不對！我不是這個意思！」有些則明顯是刻意曲解，甚至還有明明我說的是「蘋果是紅的」，結果卻演變成好像我說「蘋果是香蕉」（保險起見說明一下，這只是比喻），不過事到如今，我才訝異於這個所謂「歐巴桑問題」、性別歧視與年齡歧視的十字路口，竟然能讓日本人如此激動。

好像特別是（恐怕那邊是只剪了那一句話單獨播放吧）「我也期待自己積極當一個歐巴

52　維護學童交通安全的學童保護員之暱稱。

桑」這個發言被認定很有問題。也有相當激動的推文表示就是因為有種人，女性才會過得那麼辛苦（題外話，推特這個媒體，結合了「激動」跟「輕聲細語[53]」這兩個乍見不可能一起出現的排列組合）。

這讓我想起了廣播節目《高橋源一郎的飛行教室》（高橋源一郎の飛ぶ教室）邀請菊地成孔當特別特別來賓的那一集。節目中，高橋源一郎介紹了植草甚一的書《我喜歡散步和雜學》（ぼくは散歩と雑学がすき），並表示想推廣「歐吉桑」的概念。接下來，介紹了伊丹十三對「歐吉桑」的定義，被關在父母價值觀及看法的少年面前，有一天翩然出現了一個人，一個為父母價值觀開了一個突破口的人，那就是歐吉桑。

「在遊玩中教會我們很多事，都是父母或社會教我們的那些正確知識以外的事，那就是歐吉桑。」

「我們（也就是日本社會）現在正需要壞歐吉桑。」

高橋源一郎這樣說，菊地成孔也回答的確有「叔叔文化」，表示：「不是跟父母學，也不是跟朋友學，而是跟叔叔、啊，阿姨也可以……對女性而言，應該是『阿姨文化』吧。這些目前我們都失去了。」

如此浪漫談論「歐吉桑」的男士們，跟不小心說出「我想成為歐巴桑」導致到處被抨擊的女性，這個落差真大。

要說這就是日本社會性別不對稱性的佐證也沒錯，不過，並不是從以前就這樣了。年輕人可能不知道，例如一九七〇年代有一部山口百惠主演的電視劇《赤的疑惑》大受歡迎，劇中有岸惠子演的「巴黎的姑姑」這個角色，而這個角色正是十多歲的山口百惠最好的商量對象，這位住在巴黎的姑姑，能夠提供她和父母不同的視野（不過後來得知其實是她的生母）。岸惠子的時髦帥氣，讓我們這些小孩都不禁嘆息「希望自己未來成為那樣的女性」，大家憧憬的不是十七歲的偶像，而是中年的歐巴桑。這樣看來，日本的「阿姨文化」。是曾經存在過的。

認同欲的彼端

不過，我現在正讀著能嗅到那失去的「阿姨文化」殘香的往返書簡。於《小說幻冬》上連載的上野千鶴子和鈴木涼美的對談〈始於極限〉[54]。

二〇二〇年八月號刊登的〈二、母與女〉，正是鈴木涼美寄給父母以外的大人（不過跟

53 日文把推文（tweet）稱為「つぶやき」（TSUBUYAKI），意思是輕聲喃喃自語。

54 後來集結為書，目前已有簡中版《始於極限：女性主義往複書簡》新星出版社，二〇二二。

父母同世代的）上野千鶴子，赤裸裸描寫對自己母親的研究分析。

關於自己已故的母親，鈴木如此介紹：大學畢業後在英國廣播公司擔任過一陣子口譯員，並在資生堂宣傳部擔任過宣傳雜誌編輯，是一位在「經濟及教育層面都優厚的環境下長大」的女性，並評價「她自己說出的思想顯然為自由主義且令人欽佩」。

鈴木寫道：母親有點看不起專職家庭主婦，認為「太太」一詞指的是在學校家長會上遇到的那些「媽媽們」，不該用在自己身上，而清楚的在「媽媽們」跟自己之間劃清界線、歧視對方。

而比起這些專職家庭主婦，母親還有更看不起的人，就是將自己是「女人」這一點當作商品，在情色產業、風月場所交易的人。「她會用言詞說明任何事，唯獨妓女和酒店公關，她完全放棄邏輯直接否定。」

不過，鈴木的母親雖然對於將「女人」拿出來販售這件事嫌惡不已，卻有著「異常的外貌協會傾向」，「不是對服裝很講究、喜歡美的東西這種程度而已，她顯然是執著於永遠身為男性抱持慾望的對象。」據說，是那種「絕對意識到男性眼光，但實際上不會跟男人交易」、「希望星探來挖掘她，但並不會跟著對方走」那一型的女性（我想鈴木的母親一定也討厭「歐巴桑」這個稱呼，因為大家一般認為這個詞彙代表「男性抱持慾望對象」價值的低落。）她「一方面把當一個在男性眼中昂貴的女人視為最高價值，同時卻又露骨地打從心底看不起將這種價值實際轉換為金錢的女性」，對此，鈴木覺得很不自在，所以鈴木分析自己之所以將性直接商品化、進入「夜晚的世界」，也是因為那是母親拒絕理解的世界。

另一方面，在回應鈴木的信時，上野說：「在閱讀妳對母親的描述時，我無法停止想像如果我有一個像你這樣聰明的女兒會是什麼樣子。」正是以「阿姨觀點」開始書寫。

上野指出，知性的菁英女性認為「『我不一樣』的意識」發展成外貌協會並不奇怪。「女人從小就隨時暴露在男人評價的視線當中，而男人評價的並不是女性的知性，而是她們一目了然的外表。」上野寫道，在美國菁英女性團體中，她見過相當多女性穿的衣服異常性感。她說，這是為了炫耀「我身為女人，具備極高的商品價值，但我絕對不會拿來出售，而且我有那個條件讓我不需要拿它來出售。」她闡述如下：「那種『女人味十足』的外表，與其說是為了吸引男性，恐怕更大的意義在於那是在女性世界中誇示自己處於優勢的工具。」

在這裡出現的「『我不一樣』的意識」，在二〇二〇年八月號刊登的〈五、認同欲〉中有進一步探討。鈴木和上野針對女性的認同欲交換了意見。

鈴木寫道，日本的少女漫畫雖然很多元，不過「作為一種轉化成特別存在的機會、滿足認同欲的機會，戀愛是絕對必要的，這一點一直都沒變」，她回顧自己的過去，分析少女漫畫中常見的「交往」行為，是一種「戀愛成就」，象徵著「讓平凡的我成為特別的我」，是能夠滿足强烈自我肯定感與認同欲的故事。女人就像這樣，從少女漫畫中學到戀愛是滿足認同欲的終極道具，遇上從ＡＶ學會性的男人，彼此試圖將對方拽進自己的情境脈絡中，她覺得這樣的戀愛，原本就不可能成立。她坦承對年輕時的自己而言，最重要的是單憑性就可以得到一些什麼的事實，鈴木寫道：「自己的性能成為商品這個事實，對於一個恐懼自己還什麼都不是的年輕女人而言，正好能夠隨心所欲滿足自己的認同欲。」

對此，上野回應「在社會上最簡單易懂的認同指標是金錢」，闡述女性主義是「向來主張我要維持自我，不需要男人的認同這種思維」，感嘆「即使現在，女人還是無法藉由自己的力量獲得認同嗎？」上野還提到所謂的認同欲是一種被動的欲望，埃里希・佛洛姆（Erich Fromm）[55]寫過所謂的「愛」是「自己踏進去」的主動行為，呼籲鈴木「主動的行為才是自律的證明」。

在這裡，我個人覺得特別值得玩味的是，相對於上野主張「別選擇仰賴男人認同的人生」，鈴木則指出了「取代戀愛的認同欲該何去何從」，鈴木是這樣寫的：

> 如果「取代戀愛的認同欲去向」是ＩＧ的「Like」那麼我覺得ＩＧ比賣春更速成、更易於與他人比較，所以中毒的程度會更甚。

同情心不等人

社群網站的「讚」，我以前也寫過，是一種表明同情心（或情緒性同理）的手段、可以馬上測出有多少人對自己萌生sympathy的道具。得知對自己產生共鳴、同感（「有、有」、「我懂、我懂」），或者是抱持好感（「好美」、「好年輕」等也包含在這裡面）的人數，藉此實際感受到自己的存在價值「嗯，我也還大有可為嘛」，鈴木說，因為很輕易就能實際體會到這樣的感受，所以很容易中毒。

其實，在網路上出聲的方法也慢慢朝向輕易簡便的方向演進。以前，當還沒有推特之類的時候，在網路上發表什麼的手段是（需要自己從編碼開始製作的）個人網頁；之後是（不必自己編碼的）部落格，大家有時候會寫超過一千字的長文來爭取瀏覽數。之後社群網站登場，從臉書到推特，字數慢慢減少，不久開始流行連文字都不需要，直接用視覺表現決勝負的ＩＧ。現在漸漸轉移到不需要花費製作時間，馬上就能收集到「讚！」的格式。

意味著共鳴、同感的sympathy，既然是情感、情緒性的波動，會以即時反應的型態出現，因此，「簡短、迅速」這個網路發展的方向性，不消說，跟sympathy是非常吻合的。話題回

55 美籍德國猶太人。人本主義哲學家和精神分析心理學家。著有《愛的藝術》，木馬文化，二〇二一。

到一開始提到的電視節目（或者應該說，這其實也適用於日本幾乎所有的談話性節目或綜藝節目），有一段時期，我對於日本電視節目有日文字幕這件事覺得非常不可思議。在歐洲國家沒有看過這種情形，上外文字幕的話還可以理解，我不懂為何一聽就懂的內容，必須加上字幕、重複提供同樣的資訊。我也想過是不是因為這個國家高齡化，為了聽起來比較吃力的人、或是為了不讓注意力和專注力分散才這樣做，不過仔細看看節目，又覺得不是這個理由。

為什麼呢？因為日本電視節目的畫面（很多從英國到日本旅遊過的人會提到）很「busy」（忙碌的）。畫面上資訊量超級多。剛注意到影片下方有日文字幕，左上又出現時間、氣溫和氣象預報標誌，右上是節目名稱的標誌還有現在播放單元的標題，在它下面還有小小的四角型框框，連在棚內看影片的主持人及來賓的臉都看得見。一個螢幕裡有一堆資訊擠在一起，這樣一來，別說提高注意力和專注力了，反而更容易渙散。

我不懂為什麼播放一些人討論某個議題影片時，有必要附上氣温和花粉資訊，也不懂明明只要切換鏡頭就能看到棚內看影片的人的反應，卻為何要特意把那些影像放進畫面中同時播放，思考當中，我發現可以做一個假設。

總之，應該是等不及吧。

因為等不及畫面中的人講完話，對方話還沒講完就把內容打成字幕放在下面；現在的單元結束後就是氣象預報，可是因為等不及，所以預先把陰天標誌啊氣温啊曬衣易乾度的指數什麼的隨時放在畫面中；因為等不及自己喜歡的藝人被拍到，所以在拍別人的時候也同時把其他人小小的放在角落。寫到這裡，我發現這段所有句子的主詞前半跟後半不一樣。等不及有人講完話或是氣象預報開始的是觀眾，而話還沒講完就上字幕、把氣象預報或曬衣指數一直放在畫面角落的是製作節目的人。

正如這些句子的主詞搖擺不定顯示出來的，我不知道到底是觀眾「等不及」所以製作的人才開始這樣做，還是製作的人認為「觀眾等不及」才開始這樣做節目。不過，在我看來，這些資訊量之大，似乎是在對抗網路的「快速」，畢竟網路有任何想要的資訊，隨時都可以自由跳到別的網站去。電視因為無法隨意切換，所以總之播放大量資訊，總會有人上鉤吧。

「不必等待，立即能獲得資訊」的概念，跟鈴木「讚」簡便省事的主張也有所連結。同情心是速成的，因為是情緒、情感，所以會在瞬間突然湧出。這麼說來，戀愛情感（套句太宰治的說法是「色慾的甦醒」）這個東西，也是一湧而上的，所以是基於同情心。

相對的，去想像穿上別人的鞋，自己會有什麼感覺、會如何思考，這種能力（同理心），由於有思考這個緩衝，到發揮出來為止需要花一點時間。所以同情心是快的，而同理心是慢的。

外貌協會與同理心

面對一個人，所謂「不需等待立刻就能獲得的資訊」，正巧就是上野指出的「一目了然的外表」。所謂一目了然，也意味著迅速。看一眼、按個讚，馬上就反映在按讚數上，這種滿足認同欲的方式越是流行，對此中毒的人就越多，外貌協會必然也就越盛行。

我在兒子出生之前幾乎都沒回日本，曾經長達七年沒回老家。經過一段漫長歲月再度回到日本時，電視上還有另一件事也讓我很訝異。白天的廣告（特別是上午）幾乎全都在宣傳能讓自己看起來比實際年齡年輕十歲、二十歲的商品。廣告中先是中高年齡層的模特兒說一些類似「有人說我不管幾歲看起來都很年輕」的台詞，然後秀出電話號碼：「現在特價優惠中，歡迎來電」，製作格式整齊劃一，每支廣告看起來幾乎一模一樣。

我感到很佩服，日本真的高齡化了，但仔細想想，英國也同樣，白天看電視的多半是靠年金度日的人。不過回想起來，英國也有在同一時間帶常播放的廣告，就是問你是否願意每個月支付二十英鎊，成為發展中國家孩子的認養父母，或是每週只需捐贈一英鎊，就能為非洲的一個村莊提供乾淨的水，諸如此類的慈善機構宣傳。

我這樣寫，可能又會有人覺得我是那種什麼都要拿外國來比的人，認為我在主張英國人的自覺性比較高，其實並不是。我很清楚有些人有認養柬埔寨或尼泊爾的孩子，卻對英國國內的兒童貧困問題很冷淡，他們會說「這些孩子窮是因為父母懶惰」，或者「英國必須恢復為自己負責的文化」。我也記得慈善機構廣告海報上穿著髒衣服看起來很飢餓、緊盯著鏡頭的黑人模特兒，其實是我兒子的同學，他爸爸是個富裕的醫師。

我要說的是，英國高齡者會慷慨解囊的對象是遠方的事物，而日本高齡者則是最近處的自己（的外貌），我在這之間感受到很大的差異。這不是「自覺性的高低」，可說是「自覺性的遠近」。如果同理心是一種想像遠到看不見的東西（而且還得花時間去培育、達成）的技能，那麼英國許多高齡者應該是因為樂於運用這樣的能力，才會付錢給慈善機構吧。

相較之下，聚焦在自身身上，這種關注的方向是朝內、而且即時的。與其說是「想像」，不如說是「現實中肉眼所能看見的狀態」，因為追求的並不是遙遠國度的孩子十年、二十年後的樣子，而是現在顯現在你皮膚、頭髮和身材上的效果。不僅如此，那種效果與你的生活態度無關，是關於別人怎麼看你。從「看起來年輕」、「看起來顯老」等「看起來如何如何」這種新詞彙的流行，我們也可以看出現在日本異常重視自己在他人眼裡看起來如何。關注的方向朝內，最後抵達的是距離最近的自己本身，那接下來是進入自己的內涵嗎？卻又不是，我甚至覺得是從皮膚表面反射，最後停留在自己的外貌上。

開頭提到的「歐巴桑問題」也是如此，其實外貌協會的問題無疑是一切的根源。上午播放討論「歐巴桑問題」的節目，卻也是那些說「常有人說我看起來比實際年齡年輕」，然後自豪微笑的那些「六十一歲〇〇〇女士」、「五十四歲〇〇〇女士」（會用假名）的模特兒，宣傳讓自己「看起來年輕」的美容液或保健食品的時段，是同一枚硬幣的正反面。

上野在前述往復書簡中寫道：「男人看重的並不是女性的知性，而是她們一目了然的外表。」不過這應該也不限於男人。因為人們看重的並不是別人的知性及內涵，而是他們一目了然的外表，所以許多人會解囊投資讓自己看起來更年輕、貌美（於是全都是這類產品的廣告），而被叫「歐巴桑」之所以會覺得受傷，與其說是因為實際上上了年紀，倒不如說是因為自己沒有「看起來年輕」吧。

在這裡，問題在於原本應該是主觀且「個人」的審美觀，變成「年輕＝美麗」這種頗極權主義的這一點。說到底，如果沒有反覆刻劃，人們迷戀的方向應該會是五花八門，從臉上五官大小、形狀、身材到膚色、皮膚質感，每個人對美的感覺都不一樣。但就像我們在成長過程中常會聽到人們說「女生的顏色是粉紅色」、「男生的顏色是藍色」一樣，孩子到了一定的年齡，被他人說「欸？你竟然喜歡那樣的長相？」或是「皮膚光滑無皺紋才美哦」，這時孩子就會覺得「啊，原來我跟別人不一樣」，然後逐漸修正自己對美醜的判斷標準。正如納粹不允許國民有多元審美觀，試圖操控國民，外貌協會也跟極權主義連結在一起了（日本沒有納粹，進行審美基準刻劃的是媒體和大企業就是了。）

日本人之所以被異常刻劃上最好要看起來年輕一點的壓力，背景可能是財政界判斷抗齡市場是阻止日本經濟內需萎縮的最後要塞，也或許國家在財政面期待有更多高齡者為了購買昂貴抗齡商品而繼續工作，那麼就可以抑制年金方面的財政支出繼續擴大。女性被叫「歐巴桑」會受傷的問題，其實已經超越性別或年齡歧視框架，深深且詭異地牽涉到一國的經濟基礎。

所謂外貌協會，是基於迅速易懂的同情心、共鳴，所以跟極權主義相容度高，容易受到政治利用；而花時間、需要努力思考的同理心是一種個人想像力，所以很難統整。

倘若有越來越多的人在把注意力轉向穿別人的鞋之前，為了讓自己的鞋看起來新一點、一味埋頭擦鞋，那麼就會有越來越多的人只顧著看自己的腳下，不仔細看外側發生的事。穿別人的鞋，是一種試圖理解自己以外的人發生了什麼事，也就是自己的外側（＝社會）發生了什麼事的行為。只拘泥於得到別人的同情心、共鳴，卻不運用同理心的人一旦增多，那麼站在什麼樣立場的人會更容易達到自己的目的，這一點值得好好思考。

第9章

讓人「人化」

不景氣的時候要從老人開始自己離開職場？

封城情況紓緩（應該說已經完全是解封的氣氛了）之際，我睽違已久再度來到市中心，看到的是一片驚人的景象。

在主要幹道上，出現許多倒閉的店家。與其說是倒閉，倒不如說是封城之後無法重新營業，就這樣直接把店收起來了。

進入購物中心也是，像 H&M、ZARA 等全世界每個國家的購物中心都有的那種巨大連鎖店有營業，但小規模連鎖店則隨著「結束營業通知」的告示逐漸撤退。英國民衆看起來像是完全忘記新冠疫情似的開心昂首闊步在街上，但跟疫情前的城市儼然已是截然不同的光景。彷彿一張人人穿著色彩繽紛的夏裝開朗微笑、享受英國短暫夏天的照片，卻用錯了背景圖般，一眼就看得出景氣非常蕭條。

這也難怪，英國二〇二〇年第二季ＧＤＰ減少百分之二十點四，網路跟電視都大肆報導，經歷了脫歐、新冠疫情、黑人的命也是命，接下來的話題似乎終於輪到「大蕭條」。與其他Ｇ7國家相比，英國ＧＤＰ下滑幅度遠大於其他國家，據說是一九九五年英國開始每季公佈ＧＤＰ以來最嚴重的降幅。根據分析有幾個原因。其中一個說法是，相較於西班牙、義大利和法國，英國較晚開始封城，所以在其他國家能夠迅速解封、經濟開始復甦之際，英國卻還沒辦法。還有一種説法是，封城開始得太晚，導致疫情擴散得比其他較早實施的國家更廣，迫使他們必須長期採取更嚴厲的措施。因此，學校停課的時間比其他國家長得多（英國絕大部分地區絕大部分學年的中小學生從二〇二〇年三月下旬到二〇二〇年九月開學為止，停了大約半年的課。）據估計，多達百分之八的受雇人口為了照顧孩子無法工作，也有人認為，英國經濟相當仰賴真人親自服務顧客的服務業，因此社交距離的影響帶來的衝擊甚於其他國家。

不管理由為何，有這麼多店鋪被迫關門，表示製造了大量的失業人口。《衛報》（二〇二〇年八月）報導指稱，根據輿論調查，在參與調查的兩千多家英國的企業、慈善機構和公部門中，約百分之三十三回答他們在秋季之前應該會進行裁員。

在這個大量失業時代的腳步聲中，我們突然聽到要求「為挽救年輕人，希望從高齡者開始退休」的聲音。加上新冠病毒在高齡者感染時更容易發展成重症這個事實，連一般民衆之間也都出現這樣的意見，認為考量所有層面，請老人退休都很合理。

但我最詫異的是，連有名的文化人都公開發表這套理論。《從帝國廢墟中崛起：從梁啓超到泰戈爾，喚醒亞洲與改變世界》（聯經出版）的作者潘卡吉・米什拉（Pankaj Mishra）在第四台新聞（Channel 4 News）Podcast《改變世界的方法》（Ways to Change the World）中，針對節目固定的提問：「如果我們能做些什麼來修正世界，你會做什麼？」

他的回答是：「我堅信真正的變化始於高齡世代自發性地開始退休的瞬間」、「五十六歲以上的人應該尋找出口退休，應該把位置讓給年輕人。」、「我認為退休是最理想的，最好退休，為了提供場所給更有才能、頭腦更好的人。」

二、三個月前，高齡者對英國大眾而言，是大家一起守護、協助的對象。全國各處城鎮，都成立了志工團體代替老人購物、拿藥；有些連鎖超市在開門後第一個小時只讓醫護人員和老人進入，有種「老人優先」的氛圍。

隨著封城接近尾聲，大家開始回到原本生活軌道時，一下子突然變成了《楢山節考》[56]，這未免也太極端了。

説來説去，能這樣説的人，恐怕都是一些「生長在富裕家庭」的人吧？這些人腦袋裡只想像得到那些靠公共年金、私人年金、儲蓄和投資利潤就能過活的高齡者。然而世界上還有很多老人不工作就沒飯吃，根據慈善機構 Age UK 的調查顯示，英國的年金受領人當中，有百分之十六處於被定義為貧窮的狀況，也就是每六位老人中就有一位生活貧困。向私部門租屋居住的年金受領人中有百分之三十四、租用公營住宅的年金受領人有百分之二十九處於貧窮狀態，這些數據顯示出沒有自購宅的高齡者生計相當嚴苛。

更進一步看，也有數據顯示，亞洲人或亞裔英國人的年金受領人中，貧窮的人佔百分之

三十三、黑人或英國黑人（Black British）貧窮的人佔百分之三十，白人年金受領人佔百分之十五。在新冠疫情衝擊下，因暫時解雇等而失業的人，最多的是十八到二十四歲和六十五歲以上的年齡層。

明明如此，結果由於高齡者被歸為「非勞動人口」，所以沒有被正式視為一個問題，這個情況應該獲得更多重視，因為高齡者一旦失去工作，就很難找到下一份，所以極有可能會演變為長期失業。

不僅如此，因疫情帶來的經濟緊縮而必須對工人進行裁員時，即使高齡者遭解雇，也很難想像會雇用年輕人來取代他們。在景氣低落時，會從容易裁的人先裁，就是年輕人和老人。

想想，雖然新冠疫情讓我們見識了一般民衆美好的互助盛況，但在涉及「勞動」和「經濟」方面，也不斷種下世代間爭鬥的種子。聽到高齡者感染的致死率偏高，而出現「那請老年人自主避免外出，讓年輕一代外出工作維持經濟運作就好」的言論時。可以聽見年輕人反感的聲音：「所以讓年輕人身陷危險就沒關係嗎？」、「為什麼年輕的世代總是必須成為前一個世代的犧牲者？」而隨著封城結束，每個人都可以外出工作時，由於不景氣而開始裁員，又有人出來高喊「高齡者應該先辭職好避免年輕人失業」，又把社會撕裂成「沒錯、沒錯」跟「怎

56 深澤七郎著，一九五六年在《中央公論》雜誌十一月號發表，敘述日本古代信濃國（今長野縣）寒村的山林內棄老傳說。

麼可以犧牲老人」兩派。

每當聽到像是「晚輩將成為上一輩的犧牲品」或「老一輩該把機會讓給下一個世代」的言論，感覺就像年輕人和老年人互為必須爭奪一塊派的宿敵，別無他法，但我認為怎麼可能會有只有其中一方能生存、總有一方必須忍受的腳本呢。

世代間爭鬥，不消說，是一種搶椅子遊戲的思維。

相互扶助也是無政府主義

前一陣子，我跟無政府主義研究者栗原康先生進行了對談。當時談到，提到無政府主義，一般很容易抱持的印象是「打破既定成見」、「粗暴大鬧」。大衆似乎比較難聯想到克魯泡特金式的「相互扶持」、「生物存活下來靠的並非競爭、而是互助」這些面向，不過在經歷了新冠疫情之後，其實應該後者更為重要。

正如本書也一再提到，我之所以會認為同理心和無政府主義關係緊密，也是基於克魯泡特金主張的存在。不過，我也約略能理解一般人聽到「相互扶持是無政府主義」會反應不過來的感覺，「大家應該互相幫助」之類的，感覺就像是公民與道德課堂上老師會講的話，聽起來甚至跟無政府狀態像是一個南極、一個北極一樣，正好相反。

想突破這種道德課的感覺，無政府主義或許會需要冠上「令人難以置信的」互助這樣的修飾詞句。事實上，在剛爆發新冠疫情時，英國一般民眾的表現，的確就是一連串的「難以置信」。有人在紙上寫下平時絕對不會告訴陌生人的私人電話號碼或電子郵件地址，連同「有什麼我能幫上忙的我都願意做，有困難的人請跟我聯繫」，貼在自家牆上；也有人親手製作傳單，寫著：「我想組織一個協助老人及感染者的團體」，放進鄰近家家戶戶的郵箱裡，大家「想互相扶持」的欲望在在大街小巷噴發。這才是本著無政府主義欲望的互助樣貌，並非出於道德動機，也不是因為不得不這樣做才做的，而是因為大家想要這樣做，所以才會做到那種「令人難以置信」的地步，罔顧電話號碼可能被濫用、或是會收到許多垃圾郵件等事後後悔的風險。

不過，一旦封城這種非日常的日子結束，回到需要工作的日常，無政府主義就銷聲匿跡了。正如蕾貝嘉．索尼特在《災難烏托邦》中寫的，無政府主義式的相互扶持會展現在災難或非常時期等人類脫離平時社會經濟體系的時候，而當體系又重新開始運作時，就會馬上消失，世代間爭鬥般熾熱的搶椅子遊戲會再度回來。

愛的通貨緊縮

埃里希・佛洛姆在《愛的藝術》中寫道：「現代人是否已成為其社會層面、經濟層面角色的附錄？」當存在變成附錄時，隨著失去自主性，人也會同時失去人性。若說人是為存活而具備了「互助」本能，那麼失去利他性，也就形同失去人性。

佛洛姆在這本書中說，西方思想中常見的「愛他人是美德、愛自己是罪惡」，這種想法是錯誤的。他闡述如下：

對佛洛依德（Sigmund Freud）而言，愛自己與自戀是一樣的，也就是原慾（libido）朝向自我逆流的現象。自戀是人類發展中最初的階段，到後來倒退回自戀階段的人無法愛他人，極端的情況會出現精神異常。佛洛依德主張愛是察覺原慾，原慾可能朝向他人（愛人），也可能朝向自己（愛自己），愛人與愛自己，一方增多另一方就會減少，在這個層面上是彼此排他的。

我腦中浮現了愛的通貨緊縮一詞。佛洛依德的概念中也是，對他人的「愛」跟對自己的「愛」屬於對立關係，進行的是搶椅子遊戲。搶椅子遊戲中，必須注意的是，依照遊戲規則，隨著時間過去，椅子會一把又一把被拿走，也就是繼續玩這種排他遊戲的話，原慾會越來越少，最後很可能什麼都不剩。

但是佛洛姆提出反論，他認為把「愛」視為一種依對象而分、份量固定的東西，好像大家必須去爭奪似的，這種想法本身就很奇怪。他認為對他人的愛與對自己的愛並不會相互排他。

如果把一位鄰人當作一個個人去愛他是美德，那麼愛自己也是美德。至少不會是惡，因為自己也是一個個人。人這個概念並不會將自己的存在排除在外。

佛洛姆主張，「愛人類本身」是「愛特定的人」的前提，而人類本身不可能不包含自己，因此他說：「對他人的態度和對自己的態度，非但不相互矛盾，基本上是連結在一起的。」

不過，即使是如此主張的佛洛姆，還是主張愛自己與利己主義是兩回事，試圖在兩者間畫上一條明確的界線。他表示：「利己的人只會透過自己從中能獲得什麼這個觀點來看外界，在他們身上既不具備對別人欲求的關注、也找不到對他人尊嚴或個人特色的敬意。利己的人除了自己，什麼都看不見」，所以徹底利己的人「無法愛人」。

這樣的說法會讓人覺得利己的人是否近乎病態人格；而大衛．格雷伯則指出把「利己主義」視為絕對之惡的趨勢同樣不合理。

他在《40%的工作沒意義，為什麼還搶著做？論狗屁工作的出現與勞動價值的再思》中主張，無論純粹利己主義或是純粹無私的利他主義，一直以來，這兩種想法其實在絕大部分人類歷史上都被視為奇怪的想法。他說，這種二分法，是在「非個人市場」（impersonal market）[57]興起、開始有「現貨市場」（Spot Markets）[58]之後才出現的，是宣揚「物質沒有價值，虔敬的教徒應捨棄一己私欲，將自己的財富施捨奉獻出來」的宗教誕生後，才開始嘗試築起一道牆，隔絕重視物質的利己主義與重視利他的理想主義，保證兩者絕不交融。

不過，格雷伯斷言這種嘗試終將完全失敗。

因為這兩件事恆常相互交融，我們經常可以聽聞藝術家、牧師、理想主義者還有政治領袖暗中貪婪追求私人利益，或是勞動階級煩惱自己的工作是否對世人有所貢獻（大概就是這種人會去讀《論狗屁工作的出現與勞動價值的再思》。）要清楚劃分這兩者，紙上談兵的話或許還有可能，但在柴米油鹽愛恨嗔癡的人類真實生活中是不可能的。

如前述，佛洛姆主張「愛自己」與對他人的「愛」是相連的，而格雷伯再將此版本升級，表示利己與利他相互交融、共處一處。

這種交融混合的理論、混在一起是理所當然，無法純化的想法，與其說是一種「理想就該如此」的思想，毋寧說是對現實的洞察。寫下龐克搖滾經典樂曲《英國無政府》（Anarchy in the UK）歌詞的約翰·萊頓（John Lydon）曾經說過：「混亂是我的哲學。」不是要鼓吹大家混亂，而是認同人類原本就是混亂的，也可以說是一種正向的達觀，去認同、容許混亂，畢竟人類是一種充滿各式各樣矛盾思想及欲望的生物。

認同「混合」並接納它這種混亂的哲學。「就算試圖築起一道牆隔開，結果還是會混在一起」的這種認知，在此刻，二分法搶椅子遊戲引發愛的通貨緊縮現象之際，是我們應該痛切想起的人性真實面。

「破局」與狗屁社會

在《愛的藝術》中，佛洛姆寫道，愛是一種能力，是一種技術。它不是會「墜入」的那種情緒式的東西，而是一種憑一己意志「主動踏進去」的東西。

《愛的藝術》英文書名是 *The Art of Loving*，ＡＲＴ除了美術、藝術之外，還有技巧、技能、人為的意思，這個定義也是查一下英英辭典會比較容易懂。牛津學習者英英辭典網站的第一

57 透過提供以激進包容性規範為特徵的獨特活動領域來支持個人自由，支持多元化、健康的市場，使人們從中獲得個人和公共利益。

58 是一個公共金融市場，其中金融工具可以交易以立即交付，例如貨幣，商品和證券。正式轉移現金以換取金融工具的交易稱為「交付」。

個定義是：

「運用想像力來表達想法或感受，特別是在繪畫和雕塑中。」還有「可以透過訓練和實踐漸趨發達的能力或技巧。」的意思。

「運用想像力」、「可以漸趨發達的能力或技巧」在這些點ART的定義和認知性同理很相似。佛洛姆所述，也並非同情心或情緒性同理般自然湧現的情緒，而是稍微需要一點努力（大多數情況下不是一點而是不斷的努力）「脫下自己的鞋特意穿上他人的鞋」這種類型的「主動踏進去」的愛。

遠野遙的小說《破局》描述的是一位沒有必要踏進愛的青年。主角陽介自己待在原地總是會有女性接近他。當他跟舊情人關係瀕臨破裂時，出現了年紀比他小的新情人，這位新情人個性強勢，一開始就邀他到自己家裡，叫他今天要在她家過夜；舊情人嫉妒新情人，也主動殺到他家，強迫發生關係。他一向只是順著別人的誘惑、順著別人的要求。內心雖然有「不能強迫不願意的女性和自己發生關係」的正義感，不知道是不是認為如果對方想要就非回應不可，即使在新情人性欲增強、他開始吃不消的時候，進行肌肉訓練跟跑步也就算了，他還讓自己睡眠充足、研究食物或是補充營養補助食品等，奮力試圖讓自己跟上。主角說，性是歡愉的，他很喜歡，不過漸漸開始無法勃起、下腹部疼痛，再也沒有餘裕這樣做了，即使如此他還是奮力不懈，我覺得他很認真，而且是個容易被別人弄得團團轉的人。

這位主角每天進行訓練、從不間斷，練就了一身盔甲般的肌肉；為了考公務員努力讀書；擔任母校橄欖球隊教練，為了讓學弟贏球熱心指導（卻沒察覺自己做過火了。）不過，他有時會突如其來地心生邪念：一邊希望情人能夠過一個最棒的生日，在旅館房間又趁著她淋浴時，想著別的女性自慰；聽到橄欖球隊員講自己的壞話，就在電車上遷怒到陌生男性身上，隨便進到一間速食店，還想再找找看有沒有人可以讓他洩恨。

人就是一種矛盾的生物，所以這一點也不奇怪。

不過，陽介「認真」跟「脱序」的出現方式很奇妙，是零碎斷裂的，有點木訥，兩者完全沒有隨意混合的時候。若真如格雷伯所言，人這種生物原本就融合了理想主義的部分和利己主義的部分，那麼為何這位主角的思維和言行無法將這兩種特質順利融合在一起呢？

這可能是因為他在「認真」的時候，認為「應該這樣做」的正義感，是屬於「人一般都會這樣做」的正義感，並不是他自己這樣想。他自己也說，因為父親叫他「對女性要體貼」所以自己也這樣做，女性寄放在他那邊的包包，他想偷看裡面的東西，卻沒有這樣做，也是因為「立志要當公務員」。父親的話或是當公務員等，「正義」總是存在他的外側，並不是出自他本身。正義的來源是周遭的人及社會，並不是他本人透過自己的體驗或實際感受認定「正確」，因此他對權力極度順從，最後被警察押走的一幕，他也把自己交給對方，並因為自己已經不需要再思考額外的事感到安心。

這樣的青年，想從正義（一般世俗說的好事）當中「脫序」，通常是想放任自己慾望（性慾、食慾、暴力慾等）的時候。滿足這些慾望對他而言可說是「心生邪念」的利己主義，而與其對峙的，他的利他主義則是將自己「交給」世俗一般認定的正義。

這是可說非常被動且沒有完結之日的利他主義。試圖脫下自己的鞋、穿上世俗的鞋，但世俗這種抽象的東西並不是人類，沒有穿鞋。

沒有完結之日的利他主義只會令人空虛惆悵，接著陽介又木訥地在唐突的情況下開始掉眼淚，他自己都不知道自己在哭什麼，一瞬間，他覺得或許自己從很久以前就一直很傷心，不過，他又想，跟女性交往、金錢、學歷、健康，一直以來自己在各方面都擁有很好的條件，沒有理由傷心，在這種時刻，他依舊以世俗的尺度客觀抽離、觀察自己。然後，他下了一個結論「沒有理由傷心，就表示不傷心」、「因為弄清楚自己並不傷心，所以比起掉眼淚之前，現在心情更開朗舒暢、毫無罣礙」，他選擇去矮化自己的覺察，把自己的未來交給世俗。

有趣的是他公務員筆試通過，跟身為職員的前輩一起喝酒的場景。這位前輩在分配到的單位，工作內容正是格雷伯所謂的「狗屁工作」的核心。

這位前輩在醫院負責醫療安全，預設可能發生的事故，蒐集案例，在事故發生前擬定對策、規劃研修課程等。實際上思考對策的是主管級的醫療相關人員，研修的講師也是由資深主管來擔任，所以讓人感到不可思議，這位前輩到底都在做些什麼，工作內容是個謎團，但是他似乎還是忙得跟陀螺一樣，這位前輩告訴陽介，考上的話，要回答希望分派到醫院，因為這樣就有機會交到護理師女友。

格雷伯祭出來跟狗屁工作對峙的定義，就是照護階級的工作，而照護工作，像護理師正是如此，是一種主動協助他人的工作，但前輩卻建議陽介從事狗屁工作以便交一個照護階級的女友。

仔細想想，狗屁工作，像陽介正是如此，是一種實在過度被動的利他主義行為。因為從事狗屁工作，就等於把一己（自己的時間與人生）交付給明明也不是自己判斷應該這樣做，甚至完全不覺得有意義，卻渾渾噩噩照辦的系統。

在閱讀《破局》的時候，我想起格雷伯主張狗屁工作的增加跟精神方面疾病的增加有關。倘若以狗屁工作帶來的狗屁經濟為基礎的狗屁社會，是一個接納無意義之事物為無意義之事物、永遠視自己為客體、不去穿人類的鞋、不去想太多、只顧活下去的場所，那豈不過度反人文主義了嗎？過去，瑪格麗特·柴契爾說「所謂社會之類並不存在」，或許新自由主義已經來到了「所謂人類之類並不存在」的領域。

菁英份子與同理心

英國名門私立學校伊頓公學（Eton College），因有許多歷代首相及王室就讀而聞名，據說他們最近開始教學生說「謝謝」。

伊頓公學位於伯克郡，一年學費約四萬英鎊（約新台幣一百六十萬），據說為提升學生品格，在課表中導入關於善良和同理心的課程，而教他們說「謝謝」也是課程的其中一環。

英國《獨立報》（二〇一九年五月十一日）刊登了該校教務主任發表的意見。

「同理心是可以被教導的，它並不是人類與生俱來的特性。」

「這是透過想像力讓自己跟他人相同的能力，我們可以教育學生運用這樣的能力克服與生俱來的多疑和不信任。」

據說伊頓公學指導學生每天空出時間，想像其他人對自己提供了怎樣的幫助，然後對自己覺得值得感謝的事表達謝意。其中一例就是寫「感謝卡」給別人。

這位教務主任說：「並不是非得處於得天獨厚的立場，才能覺得感激，我們每一個人都可以覺得感激，成為伊頓人（伊頓公學的學生及畢業生）也不是覺得感激的條件。」

保證可以成為政界、商界、學界佼佼者的當權派子弟，在成長過程中周遭環境比其他孩子更值得感激，是個不爭的事實。然而聽到這些孩子開始學習同理心，卻有很多人感到厭惡，覺得這是一種令人難以接受的偽善；也有人嘲笑「要說謝謝」一般是托兒所小朋友才要教的，怎麼到了十幾歲才在教。不過，現在大家都說為政者對世界過於無知進而引發各式各樣的問題，當權派開始出現這樣的動作，看起來也像是一種危機感的顯現。

為培育孩子的人格，必須進行同理心教育這件事，說理所當然也是理所當然，但以這個階級而言也令人印象深刻，不過關懷菁英階級孩子精神層面的動向，在大學層級也有。布里斯托大學，隸屬於羅素集團（Russell Group）[59]開設一門課程叫做「幸福的科學」（Science of Happiness），據說這是英國大學裡第一次講授「幸福」。

這門選修課程始於二〇一八年世界心理健康日（十月十日）為期十週，據說課程講授何謂幸福、如何獲得幸福、以及針對獲得幸福的方法，從心理學、神經科學的角度進行分析，如：幸福會遺傳嗎？後天可能改變嗎？人類如何在精神層面上扭曲幸福？文化在幸福中扮演的角色為何？等等，甚至講授如何在日常生活中應用這些知識。布里斯托大學從二〇一六年十月開始，在十八個月內，有十二位學生死亡，因有自殺之嫌，引發熱烈的討論。

根據二〇一七年九月公共政策研究所（Institute for Public Policy Research，簡稱ＩＰＰＲ）發表的調查結果，顯示英國有百分之九十四的大學坦承過去五年內，因心理健康問題而接受

59　由二十四所公立研究型大學組成的集團，為英國頂尖大學集團，也有人稱其為英國的常春藤聯盟。

心理諮商的學生人數增多了。

菁英階級的年輕人，把目標放在取得良好成績、進入優秀大學，在某種層面上，他們可説一直「將自己託付給」這樣的目標生活至今。即使前方等著他們的是狗屁工作，他們也得設法完美走完抵達目標的路徑，因此，不管是誰的鞋一律不穿，或許對他們來説活得比較容易些。

所謂的鞋，是自己或他人的人生，是生活，是環境，是在這一切當中產生的獨特性格、心境而培養出來的思維。穿上別人的鞋，代表設想自己是那個人，試著發揮想像力，如果「辦不到」，其實也有調查結果顯示，無關乎出身或成長歷程，純粹是「因為現代人排斥發揮同理心能力的精神負擔」，據説很多人並不是缺乏同理心能力，而是要發揮這個能力必須仰賴精神面的努力，所以想盡可能避免試穿別人的鞋。

美國賓夕法尼亞州立大學和多倫多大學在共同研究中使用兩組卡片進行了一項實驗，使用的兩組卡片畫有難民兒童、笑臉和看起來悲傷的面孔，對一千兩百人進行了一連串的實驗。卡片分為「感受」和「描述」兩組，例如，在出現難民兒童的卡片時，選擇「感受組」的人就要想像那些孩子的內在心情；選擇「描述組」的人就要説明孩子的外在特徵，例如年齡、性別和穿著等。據説選擇「感受組」的人，平均下來只佔全體的百分之三十五左右。

在實驗後進行的問卷調查中，證明許多參與者覺得「感受組」卡片比「描述」外觀的組別更難識別、需要更多努力、覺得自己並不擅長。越是回答動用同理心很辛苦、讓自己感到不安的人，就越傾向於迴避「感受組的卡片」，而且似乎不只迴避看起來悲傷的表情等負面卡片，即使是笑臉等正面卡片出現時依舊如此。

一般普遍相信，人之所以對動用同理心卻步，是因為看到立場可憐的人會迫使他們自己也陷入憂鬱的情緒中，或是向慈善機構捐款。不過，看來似乎並非如此。比較符合實際的情況是，就算面對的是正面情緒，想像他人心境需要精神上的努力，所以排斥。

「如果我們能夠賦予大眾嘗試運用同理心的動機，對社會整體而言，應該會是個好消息。」

進行這項研究的賓夕法尼亞州立大學首席研究員在英國《獨立報》發表了上述言論。（二〇一九年四月二十三日）

我想，格雷伯已經提供我們這種「賦予動機」很好的線索。片岡大右指出，他在法蘭西公學院（Le Collège de France）的一次演講中，舉出「同理心階級」（classes empathiques）一詞作為法語翻譯「照護階級」（caring classes）的候選詞。（〈開啓未來：讀大衛・格雷伯〉〔未来を開く：デヴィッド・グレーバーを読む〕，《群像》[60]，二〇二〇年九月號。）

60　日本月刊文學雜誌。

一直以來，人類透過相互照護得以生存至今。倘若那就是我們的本性，那麼照護他人就是回歸人性。從狗屁（矇騙）邁向同理心（照護）。格雷伯主張，那代表人類的人性化，經濟和社會都必須以此為中心來建構。

二〇二〇年九月過世的他，應該會回答穿上他人鞋子的動機在於「讓人類存活下去」吧。謹將此文獻給英國雜誌《新政治家》在追悼新聞中譽為「充滿希望的無政府主義者」（The hopeful anarchist）的格雷伯。

第 10 章

如何避免同理心「墜入暗黑敵陣」

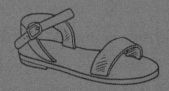

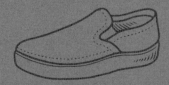

尼采對同理心持批判態度？

保羅．布倫的《失控的同理心》至此我已經引用過數次，不過，除了他以外還有複數有識之士對同理心提出見解表示存疑。二〇一九年出版的《同理心的黑暗面》（*The Dark Sides of Empathy*），作者弗里茨．布雷索普（Fritz Breithaupt）也是其中一位。他從跟布倫完全不同的觀點指出了同理心的陷阱，他的作法相當符合大衆對德語母語作者的期待，主張尼采曾經針對同理心的危險性提出論述。

保羅．布倫主張「穿上某人的鞋」的認知性同理，像是聚光燈，有聚焦於現在在此處特定人物的效果，缺點是大家會忽略整體狀況，特別是出現在統計數字上的大範圍客觀事實。為了說明這一點，他舉出的例子是因為施打了有問題的疫苗導致罹患重病的唯一一個孩子。社會上很多人只穿上了罹患重病孩子及家人的鞋，憤怒高喊要禁止荒唐的疫苗預防接種，布倫警告大家，結果可能導致殺死原本如果有疫苗就能獲救的多數不特定孩子們。

不同於此，布雷索普提出的警示並非針對引發我們產生同理心的對象，而是使用同理心的當事人有可能蒙受損失。他表示同理心可能導致使用這種能力的人「迷失自我」。布雷索普提出作為佐證根據的是《善惡的彼岸》〈沒有內容的人〉中尼采的記述。尼采在這一章並沒有使用前世紀初被譯為「empathy」的德文「Einfühlung」，不過，布雷索普說在這一節中，尼采談論的顯然是對他人的理性理解，而這就等於於我們現在所謂的empathy。

尼采稱能理性理解他人想法及情感的人，也就是具備觀察他人能力的人為「客觀的人」，他寫道，「客觀的人」有可能成為「沒有內容的人」。我們來看看〈沒有內容的人〉的文章。

當遇見客觀的精神，無論人懷著多麼深的謝意相迎——面對所有主觀想法、那種討厭的自戀，每個人應該都厭煩的要死吧——我們首先都必須學習小心那種「感謝的心情」。近來有種矯枉過正的傾向，彷彿讓精神不屬於個人、不出己身這件事本身才是目的、才是救贖、才是淨化，我們應避免這種傾向。（中略）

所謂客觀的人，不會怒罵詛咒別人的人、悲觀主義的人、像是理想學者般的人，的確是所有存在當中最重要的「工具」之一。（中略）不過這只不過是應該被別人使用的一種「作為工具的」人，讓我在此點出，他是一種工具。

尼采還把客觀的人比喻為「鏡子」。對照「鏡像神經元」的存在已經在腦科學上被當作人類具有同理心能力的證據這一點，「鏡子」這個用詞就相當值得玩味了。尼采表示：

他是鏡子，不是「自我目的」。所謂實際上客觀的人是一面鏡子，這面鏡子期待被認識、習慣服從。而他除了這種認識，也就是「映照出來的東西」帶給他的喜悅之外，並不明瞭任何一種喜悅。

「工具」也好，「鏡子」也罷，尼采選擇的都是強調本人人格並不存在的詞彙。或者應該說，讀起來彷彿稀釋自我是為了客觀察知他人（讓自己具備客觀精神）的條件。在日本也有「持平看法」這樣的表現，認為唯有忘卻自己的想法和經驗帶來的凹凸不平（即主觀性），以中立的態度看待事物，才能正確理解他人。不過，尼采似乎針對這種持平的態度本身，對世人提出了警示，也就是說，當人們準備運用同理心試圖盡可能正確地理解他人時，必須先「失去自我」（＝讓自己持平），而這部分會伴隨嚴重的弊害。尼采敘述如下：

學者精神，總是不斷磨練自己，像鏡子忠實反照，不知肯定，也不知否定；既不命令、也不破壞。（中略）他們站得太遠，遠到無從決定要站在善的那一邊，還是惡的那一邊。

布雷索普承接尼采的論點，表示運用客觀感知同理心能力的人，會無法強烈主張自己的觀點或評斷他人的行為。這是因為能夠準確感知和理解他人感受的人，無法輕易對他人做出評判。反過來說，一個能夠毅然決然評判他人的人，是能夠明確保有自己的立場或觀點，並且強大到足以（在某種層面上而言是獨斷地）展現那些立場、觀點的人，而客觀的人則做不到，因此就不可能領導他人、採取行動或展現强烈的熱情。

保羅・布倫批評同理心侷限了我們的視野、讓我們無法客觀看待事物。然而，用尼采的話來說，「客觀的人」才是問題所在。他認為擅長同理心的人，會為了持平看待事物而放棄自我，導致失去自我。現代也有諸如「別再做平衡報導」[61]或「說雙方半斤八兩各打五十大板的人，結果等於什麼都沒說，非常卑鄙懦弱」等意見，但這可能也在尼采論點的延長線上。容我再引用尼采的話。

> 所謂客觀的人是一種「工具」，他們是一種珍貴、易碎、容易蒙上白霧的測量裝置，是一種鏡子的工藝品，應該好好珍惜、尊重，不過那並不是「目的」，既沒有出口也沒有入口。（中略）它既不是開端、也不是創造或第一原因；不是一個想要成為統治者的頑強人物、也不具有強大力量或獨立的人。

61　日文「両論併記」描述並介紹相互矛盾的陳述，不排除其中任何一方立場。

壓榨同理心與自我喪失

客觀的人不是獨立的人，這句話說得很重，不過在此同時，也有人無法理解他人，甚至根本沒做過努力。這種個性的人，不擅長客觀觀察他人，更別說動用持平的察覺能力了。首先他們很容易就以自己的標準對人進行分類、評價、試圖操控。有自己的標準，代表有堅定的立場，有自己的意見，但同時這種人會因所謂的「無意識偏見」（unconscious bias）[62]而做出充滿偏見的判斷，有種強勢操控者的感覺。或許強大的英雄不需要客觀性與觀察力。

在尼采的論點中，擅長同理心的人會化作空洞的「工具」和只映照出對方的被動「鏡子」、喪失自我。布雷索普指出，因此，當他們遇見有強烈個人自我的他人，就可能移情得彷彿是同理的對象變成自己一樣，完全將自己託付給對方，這正符合成為「全心全力支持的人」的條件（或許這也可以說明為什麼美國前總統川普的支持者中有許多好心腸的善良人士。）

事實上，想到這件事，我就會想起一篇大衛．格雷伯感嘆工人階級體貼意識的新聞。二○一四年格雷伯為《衛報》寫的文章〈太關心了，這就是工人階級的詛咒〉（Caring too much. That's the curse of the working classes）中指出，相較於統治階級，工人比較不自我中心，也更具備照顧他人的互助精神。

提到工人階級，大家往往會聯想到鋼鐵工人、煤礦工人等充滿男子氣概的印象，不過格雷伯說，事實上在馬克思和狄更斯時代，工人階級都市居民中，受雇於住在豪宅中的人，當女僕、清潔工、廚師、擦鞋工等，以滿足富裕家庭的各種需求、照顧他人為業的人很多。

而在現代先進國家也是一樣的情形，製造業衰退，工人階級的中心為照顧服務員及教保員、護理人員等照護勞工、或是從事服務業的人。現代依舊是中上流階級的人雇用從事照護勞動的人，代為照顧服務的人、幫忙清掃居家環境的人、幫忙煮飯的人、幫忙端菜的人等等。也就是或許可說社會結構已回到馬克思、狄更斯的時代。

從事照護服務的人，會試圖忖度雇主（照護對象）的心情，因為這是職業上的基本條件。這個人希望我為他做什麼、我怎麼做他會更開心、怎麼做他會不高興，照護工作，沒有「穿上對方的鞋來思考」就無法成立。格雷伯說，這就是為什麼照顧他人（幫助）是勞工階級的特質。擁有財富權力的人，反而不會在乎下面的人，因為他們的階級毋需看別人臉色過活。

另外，談到照護階級，還有應該提到的一點就是「情緒勞動」（Emotional Labor）[63]的問題。這個詞彙是美國社會學家霍奇查爾德（Arlie Russell Hochschild）在一九八三年發表的著作《管

62 源自人類大腦的一項功能。這項功能透過一系列捷徑協助我們決策更迅速。它塑造了我們對世界和人類同伴的看法，同時可能導致我們做出備受質疑的決定。這意味著我們最終會根據無意識的歸納和偏見來應對人員和問題，而非一套客觀的質化或量化的參數。

63 為了讓工作或事情可以順利運作，而調整自身的情緒狀態，以呈現適宜的表達方式。

理者的心臟：人類情感的商業化》（*The Managed Heart: Commercialization of Human Feeling*）中提出的，簡而言之就是被迫在情緒上必須壓抑、麻痺、緊繃和耐性的職業，也就是需要隨時管理好情緒的工作。相對於「肉體勞動」、「腦力勞動」，「情緒勞動」也同樣存在。

霍奇查爾德在前述書中舉出典型的例子是客機的機艙服務員。這份工作不管對方（客人）多麼無禮、荒謬的要求，都必須遏抑自己的情緒笑臉以對、隨時都要謹慎有禮應對。可說從事服務業的人多少幾乎都在做同樣的事，客服中心的客服人員或服務台、秘書、櫃檯人員、負責處理申訴的人、酒店男女公關、性工作者、企業業務員等，有各式各樣職業的人在從事情緒勞動。除了這些服務業，漸漸還加入了照護人員、護理師、教保員、教師等。

不過，到了二〇一〇年代後半，美國記者潔瑪·哈特莉（Gemma Hartley）發表了一篇文章，主旨為「情緒勞動是男人至今仍未理解的無償工作」，以性別觀點提出「情緒勞動」的問題，讓這個詞再次成為人們關注的焦點。雖然最先提出這個詞彙的霍奇查爾德本人在二〇一八年《大西洋》（*The Atlantic*）採訪中提到她認為拿「情緒勞動」來指家事的用法是過度擴張了它的含義，不過我倒也不是不了解全世界女性熱衷於這個組合的心情。

例如，英語圈國家有句老話：「妻子快樂，生活快樂。」(Happy wife, happy life)，在這個高唱男女平等的時代，這句話被認為已經過時了。覺得過時的人，主張男性高高在上說什麼「顧好妻子的心情，日子就太平了」是性別歧視，婚姻的成功應建立在雙方幸福的基礎上。

但是，我覺得也可以這樣想：為什麼沒有人會說「丈夫快樂，生活快樂。」(Happy husband , happy life) 呢？那是因為女性在家總是為了讓男性幸福，默默奉獻了種種無償的勞動（燙衣服讓男性不必穿著皺巴巴的襯衫去上班、為了讓先生工作結束回到家有得喝，確認啤酒還有幾罐，如果沒有了，就買回來冰在冰箱裡等等），事到如今早就不必講那句話了。不如說，以女性而言，就算丈夫很快樂，自己的生活別說快樂了，多半都精疲力竭。

這其實就是格雷伯在前面提到的那篇文章中指出的，在社會存在不平等的地方，下層的人較關心上層的人，而上層的人則沒有那麼關心下層的人，這是女性主義者一直以來的主張。換句話說，女性會為男性著想，在許多方面為對方操心，而男性卻沒有那麼照顧女性。他說，這也適用於黑人與白人、勞工與雇主、以及貧窮階級與富裕階級之間的關係。

有趣的是，霍奇查爾德本身稱之為「過度擴大解釋」的「情緒勞動」定義，最近也包括了未必被歸類於「情緒勞動」職場中，為「無意識歧視」[64]所苦的少數族群的「情緒管理」。其實明明介意同事和上司的「無意識歧視」，在工作中卻裝作沒什麼，或是為了不要讓自己符合特定人種或性別的刻板印象，刻意扮演跟自己不同個性的角色，就屬於這種情況。

無論哪一種情況，情緒勞動涉及隨時顧及他人（客戶、同事、男性配偶等）的感受和反應，

64 種族主義、性別歧視、同性戀恐懼症，跨性別恐懼症等。

這其實是加諸於實際工作的額外負擔。

就像這樣，「穿上別人的鞋」和「看別人的臉色」其實只有一線之隔，可能會混在一起。「下面」的人會去多方思考站在「上面」人的立場，有了一定程度的瞭解，就會開始同情他們，所以即使上面的人對他們做了很過份的事，還是會去想對方背後的苦衷。因此，例如即使政府實施緊縮政策大幅刪減財政支出，社會福利、醫療和教育等品質顯著惡化，自己的生活越來越困苦，工人階級仍然會去考量上層的原委。

當政府祭出一些會激發深植於工人階級心中的「互助精神」口號，例如「這個國家再這樣下去會破產」、「為避免債留子孫，讓我們一起忍耐、減少債務」等，來說明吝於投資在社會福利或醫療的理由時，不知為何，受苦的當事者庶民就會支持政府，決定「那，我們大家一起努力，一起忍耐吧。」

統治者絲毫沒有考慮庶民生活的艱辛（因為大多數成功人士都是自我意識很強的人），他們可能只是想透過維持財政紀律、留下漂亮的數字，好讓自己出人頭地，就不斷刪減社會福利、醫療和教育開支；下層人民卻會對統治者發揮不必要的同情，認為「畢竟政府財政狀況也很困難」。工人階級出身的格雷伯對普通人的這種體恤懷著矛盾複雜的心情，寫下：「我們的善意已化作武器，正在襲擊我們。」

正因如此，庶民才會被這些巧妙編造的故事，例如「政府沒有錢，所以為了實現一個所有人相互扶持，每個人都可以平等參與和貢獻的社會，我們要進行增稅的對象是從貧窮階級到富裕階級都以相同稅率徵收的消費稅」之類的所欺騙，不只經濟，連同理心也一起遭到剝削。

當同理心被剝削殆盡，人們就會服從政權，而那些抵制政府決策的人，看起來就會像是對他人沒有體恤之心的「壞人」。當事態越演越烈，甚至可能有人會自組義警組織、以私刑方式攻擊「壞人」，因為他們已經迷失自我，儼然成為映照出當權者的鏡子。

同理心會催生出壓抑的社會？

變成「鏡子」的人，隨時都需要映照的對象。關於這一點，布雷索普寫道：

尼采提示我們，同理心需要無私等待外界的刺激。

我想試著想像，如果這樣的人（也就是「鏡子」或「工具」）變多，會創造出怎樣的社會。

如果許多人都在無私地等待外界的刺激，當一個有強烈自我的人出現在「鏡子」前的時候，豈不是輕易就會被對方操控？

布雷索普使用尼采的「超人」概念來反駁現代的同理心信仰（同理心絕對是好的，不可能流於壞事的觀點。）他寫道：

> 發揮同理心的人會落入憧憬的陷阱。他們會創造一個值得尊敬、強大而自由的自我（暴君、粗獷的男性、或是任何會做他們自己想要的事的熱血存在。）這個創作出的自我，就是尼采在《查拉圖斯特拉如是說》中描繪的那個著名的超人。相較之下，運用同理心的人則平淡、空虛黯淡、沒有私心。

布雷索普主張，為發揮同理心而失去自我的人，失去的並不是原本擁有的那個自己，而是在跟同理心對象那個強烈的自我比較之下，察覺自己沒有自我，結果變得越來越無私。如此一來，就很可能會將覺得空虛稀薄的自己，直接交付給擁有強烈自我意識的他人。他舉出的例子是斯德哥爾摩症候群。

一九七三年，發生在瑞典首都斯德哥爾摩一家銀行為期五天的劫持事件中，四名人質一開始對犯人心生畏懼，但心境逐漸產生變化，開始願意配合犯人，最後人質將槍口對準警察以保護犯人。之後，這種犯人和受害者間奇妙的心理連結被稱為斯德哥爾摩症候群。

一般不會有人把斯德哥爾摩症候群跟同理心連在一起談論，大家相信這種現象只發生在綁架和私行拘禁等非常有限且罕見的情況下，在長期相處之下，犯人和受害者間會產生一種奇妙的心理連結。這種心理連結，往往歸因於受害者為存活下去無意識間萌生的求生策略。但布雷索普表示，這裡也暴露了尼采口中同理心的危險性，也就是說，當觀察對象在肉體或精神上比觀察者更強韌有力量時，觀察者自己會感到越來越空虛而投降，把自己交付給對方。

布雷索普認為，這種人類心理的變化，也能在一些企業和軍隊的訓練方式中觀察到。他寫道：雖然只有一部份，婚姻在會被強迫把自己交付出去的意義上是類似的。

當然，拿搶劫、綁架、企業培訓和婚姻相比，我也覺得這想法一下子跳得太遠，但回顧歷史，一直以來法律要求女性臣服於男性，孩子臣服於父親是個事實。想到這種露骨的不對等在漫長歷史中一直為大家（特別是女性和兒童）所接受，我開始覺得斯德哥爾摩症候群似乎也未必與夫妻或家人毫無關聯。

布雷索普寫道：斯德哥爾摩症候群也可能存在極端形式的婚姻生活中，讀到這裡，大家首先應該會想到家暴吧。家暴一定會越演越烈，幾乎可說沒有例外。儘管清楚這一點、儘管對對方漸趨嚴重的暴力威脅感到恐懼，但很多案例都是心想：「不，這個人也很痛苦。」、「是我態度不好，才會讓對方做出這種事」，受害者會繼續穿著加害者的鞋，導致不可挽回的後果。如果不是已經把自己交付給對方，就應該會在身體或生命受威脅的徵兆出現時先逃離。

站在第三者的角度，家暴受害人與施暴者之間「為什麼不逃？」的關係、或是一般被稱為共依存的關係，難道不是化作惡魔的同理心影子在其中若隱若現？

此外，布雷索普還分析，在任何大企業、政府或國際組織中，組織的負責人必須具備人的姿態、有一張人的面孔。這是因為，組織成員需要能夠與他們建立關係、產生共鳴、分享喜悅、一起承擔痛苦的代表人。這或許也是因為組織營運中已將某種同理心剝削視為必要條件之一、設計進去了。在組織規模巨大的情況下，底層成員與高層相遇的可能性將消失，在這種情況下，有必要創造一個能激發想像力的人物，這也是企業會公開關於其創始人或執行長的軼事或傳奇故事的理由。人們對企業創始人和執行長的同理心程度是思考當今職場忠誠度時的一個重要因素。

從這個意義層面來看，同理心也可以成為讓個人服從組織的工具。雖然保羅・布倫曾指出「同理心的聚光燈效應」——人只能穿上另一個人的鞋，無法一次穿上好幾個人的鞋，不過一個人的鞋卻可以讓很多人穿。藉此，只要以組織最高層的單一個人來象徵組織，再大的組織也能贏得成員的忠誠，逐漸完成一個政治體系。當最高領袖去世時，就會由第二代、第三代領袖繼承透過同理心誘發忠誠心的角色。若真如此，那麼不管AI再怎麼進化，進化到能比人類做出更適切的決策，只要人類無法穿上AI的鞋（當然，沒人能保證不會有這一天），就無法將AI置於企業的最高層。

讀布雷索普的論點，不禁會思考，西方文化中自上而下統治的舊結構，或許內含了奴隸對主人自下而上的同理心要素。自上而下和自下而上的爭論是當今的熱門話題，但如果是自下而上的同理心實現了自上而下的統治，即使我不是格雷伯也感到很悲傷。

如此一來，同理心是自上而下型統治的必須條件，是維持、強化來自上層的統治、創造一個壓抑社會不可或缺之物。

同理心與無政府狀態必須配套執行

布雷索普繼續論述，在這種思維之下，就算今天美國年輕人失去了同理心，也應該不是特別值得擔憂的事。大約十年前，有一份名為「美國大學生性格同理心隨時間變化的變化：整合分析」（Changes in Dispositional Empathy in American College Students Over Time : A Meta-Analysis）的調查報告書成為熱門話題。密西根大學研究員莎拉・康拉斯（Sarah Conrath）進行的這項研究發現，與三十年前相比，當時大學生的同理心喪失了百分之四十，並且在二〇〇〇年以後同理心能力更是明顯下降。

在研究進行時，同理心的定義也同樣大有爭議。是指認知性同理（想像如果自己處在別人的立場會如何的想像力？）還是與同情心同類的情緒性同理（共鳴、共感、同情？）人們之所以與別人共感，是否是為了減輕自己的壓力？

這樣的爭議目前依舊存在，而這項調查，康拉斯使用的是「人際反應」的四個領域，分別是「對他人不幸的共感顧慮或同情心」、「獲得他人觀點」（想像他人觀點的知性能力）「將自己想像成奇幻作品、書籍或電影中虛構角色的傾向」、「因他人的不幸而感到的苦悶，也就是個人痛苦，例如：「當有人在緊急情況下拼命尋求協助時，自己也手足無措。」

調查結果顯示，現代大學生相較於三十年前的學生，「對他人不幸的共感顧慮或同情心」低了多達百分之四十八，「獲得他人觀點」也低了百分只三十四。

相隔三十年，當然美國社會狀況和人口統計（人種、宗教等）已產生變化，因此會產生一個疑問，問年輕人完全相同的問題、單純做比較有效力嗎？不過即使如此，這份報告一發表，媒體還是大做文章，說「現代年輕人不再為人著想、變得自我中心。」

而布雷索普則提出疑問：自我中心且自戀的年輕人變多，真的是那麼糟糕的事嗎？

的確，用尼采的話來說，同理心能力強的人容易失去自我，將自己的意見和身份認同移交給強勢的對象，也就表示很容易被強大的對象操控。倘若為真，也可以想成年輕一代同理心減少，代表充滿自信新一代的出現。隨著越來越多的人專注於自己的事務、擁有自我本位思維，當有激烈強大充滿個人魅力的人出現時，會把自己交付出去、將自己的身份認同投射到對方身上的人反而會減少。

自我本位、自我中心、自戀、任性，這些詞彙一般都被大家當作壞事。不過，當一味認定這些都是「不正義」，演變成要從社會徹底排除的情況時，就會跑出一群容易罹患斯德哥爾摩症候群的人。

即使政府敗壞，嚴重到讓從政者等同斯德哥爾摩症候群或家暴中的犯人、而民眾是受害者的地步，同理心體質的人依舊會繼續受權威操控，甚至可能會指責試圖反抗權力的人「任性」，非難他們。

當這種情況發生時，一個充滿同理心的社會就會變成一個非常壓抑的地方，這的確可能是同理心的陰暗面。反之，甚至一個任性自我中心的人較多的社會，反而看起來更像自由解放的場所。

雖然在本書開頭的部分，我稍微誇張地敘述極為主觀的直覺，說覺得無政府狀態和同理心互有關連，將以創造「無政府主義同理心」這種新種類同理心的氣概撰寫本書，其實兩者與其說互有關連，或許該說是我們必須將它們串連起來的東西吧。因為如果沒有將「拒絕所有統治」（Anarchy）這個軸心紮實打進去，同理心可能會在不知不覺間轉為帶有毒性的東西，兩者必須配套執行，否則單獨存在的同理心將有墜入暗黑敵陣的風險。

關於同理心毒性的種種

《同理心的黑暗面》中還有其他同理心墜入暗黑敵陣的例子。例如，有一種叫做「同理心施虐癖」的東西，主張同理心可以用來傷害他人。保羅．布倫還在《失控的同理心》中指出，那些犯下欺詐等罪行的人有能力設身處地為別人著想，因此他們可以讀出別人內心的想法，病態人格非但不缺乏同理心，根本是特別擅長，所以能隨心所欲操控他人。不過，布雷索普聚焦的題材並非操控他人，而是傷害他人。有人會想像人們遭到霸凌、羞辱和操控時的感受，並樂在其中。而且這並不是在講病態人格等具有特殊狀況的人，據說在大多數普通人身上都能找到這樣的性質，越是能穿上別人鞋生動鮮明想像對方的痛苦，就越能享受他人的痛苦。

這種殘虐的同理心我們日常在社群網站上可以觀察得到。此時此刻應該也有無數的人，正設身處地站在想攻擊對象的立場，殘虐地想像怎麼寫最能達到抨擊對方的效果、散播哪張照片能夠致命性羞辱對方等，發出得意奸笑、眼瞳閃閃發光，對著手機或電腦留言吧。

然而，如果說這種施虐行為不僅侷限於霸凌和私刑等實際行為，還包括穿上想像中他人的鞋，那麼可以說我們都會透過閱讀和電影在日常生活中體驗到。悲劇長期以來一直受到歡迎，是因為能讓讀者和觀眾情緒高漲，否則這種黑暗的故事，應該大家都會排斥、敬而遠之。

此外，還有一個驚人的命名——「吸血鬼式同理心」。對別人的經歷感同身受，導致與他人間的區隔消失，成為不健康的緊密關係。據說當分享一個人經歷的機會持續時間過久，人會忘記這是別人的經歷，並會想要對方聽從自己的意志行動。其中一個例子就是直升機父母（過度保護、過度干涉的父母，就像直升機一樣，隨時從上方監視孩子，當發生事情時就降落下來。）

這種父母對孩子有強烈的控制欲，希望孩子凡事順著自己的心意，一般容易被歸咎為當事人本身個性的問題。但根據布雷索普的說法，直升機式育兒現象也受人類同理心能力的影響。父母在長年撫養孩子的過程中，近距離見證、分享孩子成功的喜悅和失敗的悲傷，在這當中，持續穿著孩子的鞋、漸漸會對孩子的快樂和沮喪感同身受，然後開始當成自己的事，思考這樣做是否就不會失敗、或是那樣做是否就會順利成功。於是，孩子的成功變成父母的成功，孩子的失敗變成父母的失敗。他們不再承認孩子有權經歷失敗，這些就是把別人的鞋穿在腳上太久、不還給原主人的狀態。

更值得玩味的是，針對現今動輒二分為敵方或友方的社會現象，一般認為同理心扮演了緩和劑的角色，但布雷索普卻否定了這樣的看法。他認為相反，同理心會成為加劇「敵 vs. 友」兩極分化的一個因素。他表示，我們傾向於認為紛爭可以藉由同理心來解決，事實上同理心加劇對立。從家庭糾紛到內戰，當兩派之間爆發衝突，人往往會選邊站。就算兩邊的鞋都試穿了，當認為其中一方的說詞有道理，就是會不由自主傾向那一方，如此一來，就會越來越理解自己認為正確那一派的感受及處境，反對的那一派就格外顯得邪惡、錯誤。

用尼采式的話來說，我覺得擅長同理心的人可能會因為「喪失自我」而成為兩派都不支持的「平衡報導派」。不過，布雷索普說事實並非如此，他們正因為沒有自我，會讓別人（或一整個派系）進入、填補那個空洞，然後這些趁虛而入的人的敵人，看起來就會像是自己的敵人。

布雷索普寫道，向來巧妙利用這種同理心力學的人就是唐納．川普。他甚至稱川普為「同理心大師」。倒不是川普有高度的同理心，正好相反，他擅長的是收集匯聚他人的同理心。

他用「我vs.媒體」、「我vs.精英知識分子」、「我vs.搞陰謀的人」等敘事方式，塑造自己在對抗整個世界的形象。布雷索普先前就指出：「沒有私心、較容易對他人施展同理心的人，容易受控於自我意識强的人。」充滿自信、挑戰傳統、毫不在乎政治正確、任由自己情緒爆發的川普，越是扮演出收到全方位攻擊的「單槍匹馬戰隊」，就越能激發大眾的同理心。這個理論或許可以幫助我們理解現實中為何看似為他人著想的人會支持川普。此外，不知為何，連在日本都有人無法接受川普在總統大選中落敗而上街示威，這種奇特的現象，或許事實上策動這些人的也並非陰謀論。也許不是。川普原本就是個假裝敗犬出來競選的人，當他真正輸掉的時候，支持者對他的移情自然會衝到最高點。

布雷索普更激進發展這個論點，舉出恐怖份子來說明同理心的毒性。布雷索普說，正如人們普遍認為的那樣，恐怖分子並非如一般人所想，是因為缺乏同理心才引發殘酷事件，反而是因為恐怖分子心情過度貼近紛爭其中一方陣營，以至於强烈覺得自己為對立陣營的不公對待所苦，開始覺得對方是自己的敵人，才會成為恐怖分子。這種支持其中一方的現象，常常不是出現在紛爭的受害者、經驗過的人和受影響的人身上，而是出現在經濟自由的中產階級身上。

從强化「敵 vs. 友」的構圖（不只是川普，大衆主義通常應該都是用這種方式獲取更多人支持）到恐怖主義，這裡舉出同理心墜入暗黑敵陣的例子都是自身受穿鞋子對象所操控。倘若穿上別人的鞋，卻因此找不到自己的鞋，無疑賠了夫人又折兵。

理解它既非善也非惡

同理心創造了一個壓抑的社會、成為施虐癖欺凌別人的燃料、也是毒親和恐怖分子的成分，而同理心强的人容易受到唐納・川普那種領袖的操控。當一本主張如此聳動的書出現，自然會引起激烈的反駁。

在亞利桑那州立大學教授社會工作的伊莉莎白・席格（Elizabeth A. Segal）教授，也是《社會同理心：理解他人的技術》（*Social Empathy: The Art of Understanding Others*）一書的作者，她在 psychologytoday.com 網站上刊登的〈同理心沒有陰暗面，只有人有陰暗面〉（There's No Dark Side to Empathy, Just People with Dark Sides）文章中，對布雷索普的書提出反論。

在這本書中，席格教授寫道：歡迎大家更深入探討關於同理心的議題，「但個人擔憂關於何謂同理心，不正確的記述導致論點失焦的誹謗，可能會助長大眾主張由於同理心有陰暗面，所以沒必要考慮他人的心情。教授表示，同理心是一項複雜的技能，需要釐清他人的感受屬於他人本身，在想像他人經歷時必須不將自己的解釋強加於他人之上。此外，要了解他人的生活，必須先將其置於包含對方所屬群體歷史背景在內的脈絡中，正因為這一切都必須在幾分鐘或幾秒鐘內完成，所謂的同理心是一項非常高難度的任務。要做到這一點，需要大量的時間及訓練，而習得同理心是一個終生的過程。時代不同，社會形勢也就不同，運用同理心之際用上的知識要隨時更新。同理心不存在「我現在都會了」這種學習完畢的終點。

如上述，教授說同理心是一種技能，它本身無所謂光明面或陰暗面。要讓它光明還是陰暗，取決於使用這項技術的人。儘管霸凌行為涉及想像他人情緒的部分，但這位教授反駁，認為所使用的並非同理心。她說，那些想像別人心情並試圖更有效果地傷害他們的人，並不是穿上別人的鞋，覺得「如果我是他，我希望別人這樣對待我。」因此不能說這些人有同理心。

如果是這樣，就等於這位教授定義的同理心，其根基存在新約聖經「你們願意人怎樣待你們，你們也要怎樣待人。」（路加福音六章三十一節）的思想。但我會覺得，那麼這位教授要主張同理心本身沒有善惡可言有點牽强，畢竟這裡還是存在「善」這個大前提，因為她在定義同理心的時候，已經將「你們願意人怎樣待你們，就怎樣待人」包含在內了。

該教授主張，她之所以擔憂《同理心的黑暗面》中的思維，是因為其論點彷彿讓人容易跌倒的泥水，會導致大衆捨棄同理心本身。這位教授闡述，對於那些經歷過種族主義、性別歧視、反猶太主義、恐同症等的人，或是經歷過霸凌、因能力或個性不同被嘲笑的人來說，同理心就像檢測不良行為的一道護欄，能讓我們理解他人實際經驗過的事，為我們帶來覺醒的瞬間。因此，即使人類的惡行有時可以運用同理心背後的某些技巧來執行，但「那並不是同理心」。這位教授的結論是，穿上別人的鞋試圖找出別人的弱點，是一種貶低同理心的行為，會阻礙運用同理心建立更理想人際關係的可能性。

若此為真，該教授對同理心的定義就偏向光明面、是正向的，這與她自己說的「同理心本身無所謂光明面或陰暗面」相互矛盾。

「相信這裡以外其他世界的存在」的能力

《同理心的黑暗面》的布雷索普，採取的立場是不應將加强同理心能力的必要性視為道德問題，而他雖然在該書中寫了一則又一則同理心墜入暗黑敵陣的樣貌，卻依舊主張同理心對人類而言不可或缺，關於同理心讓人得以相互扶持的這一點他也認同。

不過他說，大家過分强調同理心對接受它的人而言是「好東西」。布雷索普的主張是同理心與其說是對同理對象，不如說是對使用這種能力的人本身來說的「好東西」。同理心是一種能力，有助於增强使用者的審美眼光和洞察力，換句話說，與其說是對別人好，毋寧說是為自己好。

至於同理心對自己有什麼好處，他整理成以下三點：

1. 同理心讓我們得以生活在不是單一，而是複數的世界上。透過同理心，我們想像他人的經歷，心情上實際跟他們一起體驗，並參與他們對周遭世界的情感和知覺反應。與此密切相關的是人類的敘事能力，它將讀者或觀眾帶入若非在那個當下邂逅，他們原本無法進入的新世界。（後略）

2. 同理心可以藉由開展另一種視角來綜合統整某一種情況的體驗；它允許我們在多個視角之間來回移動（自己和其他人從不同視角看待同一情況。）（中略）同理心綜合我們觀點的能力是我們社會生活中不可或缺的。

3. 同理心增強了感受純粹存在片刻（重要性的感覺）的美感強度，這樣的片刻具有獨特的時間結構。當我們全神貫注於某個片刻時，我們會去想像、體驗那一刻的未來和過去，並想到那件事的其他版本，內含與事實相反的版本，彷彿在精神上盤旋了這一刻、時而回到原處、時而向前推進，打了一個時間推移的結。（後略）

布雷索普說，相較於同理心能力強的人，同理心能力弱的人看世界不具備廣度和深度，因此，他主張與其說道德效應，不如說同理心教育有助於拓寬且加深個人的視野。在感受到同理心教育的必要性這一點上，他跟那些強調同理心道德（或基督教）面向的人是一致的。前述第二點指出站在他人視角，就能以複眼觀察同一狀況，這跟保羅・布倫所說同理心具備只能以有限眼光看待事物的「聚光燈效應」形成了對比。

他還有一個有趣的論點，就是同理心未必只限定於理解他人的能力，其實對理解自己可能有更大的幫助。他說，理解自己的心情和想法其實比想像中來得困難，但是在分享他人的經歷、想法和感受的過程中，有時會察覺到或許自己也有同樣的感受。這應該就是閱讀和看電影的經歷一直帶給人類的「覺察」，也與戲劇教育藉由扮演他人來理解自己情緒的理念相通。同理心容易被認定是利他的，但終究還是利己的。與其說對他人有益，不如說這是一種對自己有幫助的能力。

聽見對自己有幫助的同理心，我想起來的依舊是金子文子。

她小時候的故事在自傳《逆權女子：獄中手記》中有寫到，（如果全都是真的）她遭雙親虐待、遺棄，沒有戶籍，所以在學校也受到歧視，連老師都霸凌她。幼年時期生活殘酷到讓人不敢相信她怎麼活過來的。但某天生活突然有了一百八十度的轉變，住在朝鮮、富裕的祖母來接她，說要讓無法生育的姑姑領養她，故事到此好像仙履奇緣，只不過到了朝鮮的金子文子，事實上受到更嚴重的虐待，事態最後演變成親生祖母跟姑姑對她施暴，拳打腳踢，連續幾天都不給她飯吃，她覺得死了還比較輕鬆，於是企圖自殺。

站在名為錦江的河岸上，就在打算投河自殺的那一刻，一隻蟬在金子文子的頭上開始鳴叫。聽到蟬鳴，文子回過神來，環顧四周，發現周遭景色看起來和剛才已截然不同，美得無法想像。

「我可以擺脱祖母和姑姑的殘酷無情，可是，可是世界上還有數不盡值得去愛的事物。

我的容身之處也不必侷限在祖母和姑姑家，世界很大。」

金子文子如此寫下她在十三歲那年，最後決定不自殺時的感受。

這種「世界很大」的猛然覺醒，究竟從何而來？

我們是否可說是她聽到的蟬鳴聲扮演了注入他人視角的角色？死吧，死了就解脫了，當她被逼到無路可逃，用走投無路的心情凝視河川深不見底的深淵時，她所認知的世界總是醜陋殘酷的，然而，與她不同的個體開始在她頭上發出強而有力的鳴聲，不顧文子絕望的心情，蟬、山、樹木、石頭與花都一如往常淡然過著自己的生活，一切美麗、安靜、祥和。難道不是這樣的覺察瞬間開展了她原本狹隘的視野嗎？

在我的世界之外，還有不同的世界。天寬地闊，外面一定還有不一樣的世界。

正因為能夠相信有其他替代世界的選項，所以無論情況多麼難熬，都覺得自己有可能逃脫。鶴見俊輔稱金子文子的這種確信為「她思想根柢的樂天性」（〈金子文子：無籍人生〉，《鶴見俊輔集一：編織思想的人們》。）

對照布雷索普的描述：「同理心讓我們得以生活在不是單一，而是複數的世界上」，我們可以說金子文子正是因為具有同理心能力，所以知道還有「跟這裡不同的世界」。

思考一定沒受過同理心教育的文子為何饒富這種能力也會很有趣。她因為沒有戶口、從來沒能好好持續上學，一直到相當的年齡才終於識字，所以小時候她常看著媽媽買菜時包菜回家的舊報紙，想像上面寫的是什麼來娛樂自己：這張照片裡的人一定做過這樣的事、這個人一定生長在這種環境下，像這樣自己亂編報紙報導的內容當作遊戲。

華德福教育[65]創始人魯道夫・史代納（Rudolf Steiner）[66]說過孩子還沒七歲之前不能教他們讀寫文字，這件事很有名。他相信在到達那個年齡之前，花更多時間以口頭教語言，例如唸故事給他們聽、背詩、唱歌等，更能增強孩子的想像力與創造力。金子文子並不是接受過這種特殊教育，但由於沒有戶口，無法正常就讀政府設立的學校，不能說她碰巧走過跟華德福教育的語言教育同樣的路徑嗎？

如果想像力讓人能夠相信「另一個世界」（有點老套，但也可以稱為「替代選項」）的存在，而那會成為人「思想根柢的樂天性」的話，那麼同理心終究還是個人為了自己應該習得的能力，為求生存下去的技能。如果無法相信還有跟眼前所見不同的世界，認定自己生活的狹隘世界就是一切，人就會覺得世界也只能如此了，放棄一切，然後無法拒絕任何操控。

正如同理心沒有無政府狀態就會墜入暗黑敵陣一樣，無政府狀態沒有同理心也無法成立。

「為了能活出自己」的能力

無政府主義者金子文子在過世前，在宇都宮刑務所的栃木分部研讀麥克斯・施蒂納（Max Stirner）[67]。假設同理心的墮落是尼采所謂「迷失自我」造成的，而需要注入無政府主義來阻止它，那麼此時我無法不想起的終究還是施蒂納對「利己主義者」的定義。

施蒂納對馬克思、恩格斯影響甚鉅。這位哲學家寫道，人不僅要成為「自由的人」，還要成為「所有者」。他主張人必須「擁有自己」。這個概念也可以呼應尼采的「迷失自我」。有一種構圖是稱呼正義、真理、法律、道義、公眾利益、祖國、神、宗教等稱為「神聖的事物」，而受這些事物指引的人本身也可以成為聖潔者，而施蒂納徹底批判這種通俗構圖。

施蒂納主張的利己主義者與今日用法不同，並非指罔顧他人蒙受之不利、只執著於一己利益的人。施蒂納的利己主義者是徹底否認所有「神聖事物」（他斥為無稽，說那些只是如

---

65 依生命本質規劃課程，著重頭腦、心性與四肢均衡發展，讓學生內在動力得到滋養與萌發，得以健康快樂自發學習。在孩子充份了解發揮自己潛能後，以正向生命態度，進入世界，貢獻自己才能。

66 奧地利的哲學家、改革家、建築師和教育家。

67 德國後黑格爾主義哲學家，主要研究黑格爾派的社會異化和自我意識概念。施蒂納通常被視為虛無主義、存在主義、精神分析理論、後現代主義和個人無政府主義的先驅者。

幽靈般不具實體的抽象觀念）的自我，具體展現、體驗、感受自我，不被任何人（或任何觀念）擁有的人。施蒂納在《唯一者及其所有物：個人反對權威的案例》（*The Ego and His Own: The Case of the Individual Against Authority*）中寫道：

> 人類，你們的頭腦被附身了。（中略）你想像偉大、想像一個為你而存在的眾神世界、一個召喚你的精神世界、一個向你招手的理想。你有刻板印象！

施蒂納稱這樣的刻板印象為「幽靈」，而拒絕這種「幽靈」來操控自己就是「利己主義者」。施蒂納除了「幽靈」之外，也同樣批判「自我否定」，如果為了某種崇高的想法（例如自由）而否定自我，那麼體現在實際存在個人的自我就會消失。應該是人擁有精神和欲望，人不該反過來被精神和欲望擁有。對施蒂納來說，自我的性質就是擁有自我的人。將「The Ego and His Own」翻譯成「自己経」（自我經）的辻潤，在〈只有自己的世界〉[68]一文中如此描寫施蒂納：

> 尼采闡述「超人」，施蒂納不需要「超人」。「超人」跟「充滿人性的人」或「真人」

一樣，對施蒂納來說只是無用的幻影，光是「血肉之軀的自己」都未必應付得來了。（參見佛教的「即身成佛」）人原本生來的自己已然完整；以那個身份生長，以那個身份死去，足矣。既不需要當個「真人」、「超人」、「狗」或「佛」，也不需要聽命於人去當。

施蒂納對資本主義、社會主義和共產主義都持批判態度，他描繪的願景是「利己主義者聯盟」（Union of Egoists）。他闡述符合道德且利他主義的社會主義必將凋零，他從基於利己主義的社會主義中發現了可能性。比起一個迫使成員否定自我、對國家完全臣服的國家，施蒂納描繪的理想似乎是一種基於自由協議、由成員「相互利益」建構起來的自願合作聯盟。針對此願景，辻潤敘述如下：

他的哲學、或者他暗示的所謂個人的自由結合狀態，在這個世界上到底是否有可能實現，非常值得懷疑。但是，根據他的哲學，人們至少應該能意識到各自的自我，至少我相信我做到了。同時，如果秉持這樣的自覺聚集在一起的人，有可能彼此了解對方自覺的立場，或許他預期的「所有者」最自由的結合未必不可能實現。換句話說，那是一種互相接受、包容彼

68　出自《辻潤著作集〈第3〉浮浪漫語》

此「任性妄為」的「結合」狀態。而只限於那些彼此都能覺得透過結合對自己有利的人聚集在一起就夠了。覺得沒有必要的人，不需要強迫自己加入，因為那是一種沒有統治等權力的、渾然個人的結合。

從這段敘述中也可以看出，利己主義者是指利己的人。行為的基準在於覺得對自己有利。然而，為了開闊視野的同理心也自然會帶來對他人的體恤。就像愛，因為愛一個人對自己而言是愉悅的才愛，當中也有很難算是為了對方好而傾注的部分，不過對方也會因為被愛而感到愉悅。利己和利他並不是相互排斥的概念，甚至可說幾乎必然是一體兩面。因為畢竟自己和他人都是人。這是一種首先設法利人的態度，無關制度、立場、組織或權威。

這就是施蒂納認為利己主義者越多、社會的獨立或爭執就會越少的原因，因為將自己放在事物中心的那些人，會互相接受、包容彼此的「任性妄為」。他相信，利己主義者必須朝協力合作（不同於自上而下的統治關係，而是橫向互助）的方向前進，避免有人不再當利己主義者、臣服於他人、主動尋求他人的操控統治。

此外，如果穿別人的鞋能訓練我們綜合看待事物，那麼它對於實現「利己主義者聯盟」也是不可或缺的。如果我們沒有足夠的想像力去想像可能有別的世界，不同於此刻我們眼前的制度、想法、理想和普遍共識（「為了群體利益，必須克制個人的自我」、「我佔便宜就是你吃虧」、「利己和利他是相互排斥的概念」等）那麼不管誰提倡任何願景，我們都只會覺得替代選項是「不可能」的。

個人是心臟、社會是肺

愛瑪．高德曼（Emma Goldman）以深受施蒂納和尼采影響的無政府主義者而為人所知。她主要以美國為中心展開活動，她在二十世紀前半的無政府主義運動和婦女解放運動中對世界產生了影響，日本的伊藤野枝也深受她的影響。在《無政府主義和其他論文》（暖暖書屋）的序言中，愛瑪指出這兩位是一直被誤解的作者。例如，大家傾向於認為尼采因為相信「超人」的概念，所以嫌惡弱者，其實他追求的是社會狀況不要製造出「末人」或奴隸，沒有深入閱讀的人無法察覺這一點。而施蒂納則容易被認為提倡汲汲營營的自我中心主義，但愛瑪讚譽他的個人主義蘊藏偉大社會的可能性，個人的解放及個人的自由努力，才有可能實現自由社會。

愛瑪．高德曼稱倡導互助的克魯泡特金為「我親愛的老師，同時也是同志。」[69]（My

69 出自《我對俄羅斯的幻滅》（*My Disillusionment in Russia*），一九二三。

Disillusionment in Russia）不過，閱讀《無政府主義和其他論文》中的〈無政府主義：其真正的立場〉，就會知道她顯然受到施蒂納個人主義的影響。看來她像是想合併施蒂納的個人主義和克魯泡特金的互助，兼顧兩者。她寫道：

無政府主義是唯一使人類具有自我意識的哲學，它不斷堅持，認為神、國家或社會不存在，並且他們的契約無效，因為它們只有透過人類的服從才能實現。無政府主義不僅在自然界，在人類中也是生命統一的教師。個人本能和社會本能彼此並不對立，就像心與肺不對立一樣。一方是盛裝珍貴生命精華的容器，另一方則是保持生命精華純淨、豐富成分的儲藏庫。個人是社會的心臟，而社會則是肺，分配成分，好讓生活的精華（即個人）維持純淨、豐富。

愛瑪·高德曼説，正如人沒有心臟和肺就活不下去，個人和社會也缺一不可，無法單靠其中一方發揮功能。任何一種只仰賴神或國家等「幽靈」行使權力、使人民服從的治理方式，無論如何都無法正常運作，因為在這樣的統治下，個人往往是死的。愛瑪相信無政府主義才是讓個人與社會和解的調解人。

無政府主義是偉大的解放者，把人從束縛他的幽靈中解放出來。它是調和個人和社會兩種力量的調解人。一直以來，有害的統治者阻止了個人與社會本能，以及個人與社會的和諧融合。無政府主義已向這些統治者宣戰，以實現統一。

時至今日，有害的統治者仍以各種形式存在，且不僅限於人或組織的形體。施蒂納口中的「幽靈」，還包括各種習俗，不知為何存在的事物（例如狗屁工作），可能還有不知道是誰發起、為什麼要遵循，卻每個人都遵循的叫做「看人臉色」的東西。「狗屁工作」也好、「看人臉色」也罷，這些都是實際上不具實體不明所以的東西，所以是有雙重意義的「幽靈」。換句話說，比起施蒂納時代，現代「幽靈」的廣泛程度要高得多，畢竟人人都心知肚明那是「幽靈」，卻依然無法擺脱其操控。

愛瑪．高德曼確信，如果個人及社會徹底拒絕這些「幽靈」的統治，就能和諧融合。沒有「幽靈」的支配，「利己」和「利他」就會恢復原本的樣貌，再次相遇、融合為一，因為兩者都是「利人」。

個人與社會不是對立的。説什麼「考量到整體社會，個人就不該自由」、「個人必須努力不帶給社會困擾」，這種彷彿前者與後者基本上無法融合的思維，才是施蒂納、愛瑪．高德曼，甚至格雷伯一直告訴我們要破除的「刻板印象」。

正如個人和社會絕非對立概念，無政府主義和同理心也不相互對立。兩者反而像人的心臟和肺，能和諧融合，無政府主義式的同理心才能將社會轉化為一個純淨、豐富的生命精華（即個人）不會死去的地方。要實現利己主義者聯盟，不能沒有無政府狀態和同理心。

愛瑪．高德曼在前述文章〈無政府主義：其真正的立場〉中為無政府主義做了總結：

> 這是個人主權的哲學，是社會和諧的理論，是此刻正在重塑世界、不斷湧現的偉大確切真相，且將成為黎明的先驅。

黎明的先驅。這是愛瑪口中擁有個人主權的哲學，也就是自覺「生存主權在我」的人出現。只要這樣的人出現、並且逐漸增多，那麼世界已經開始重新塑形。無政府主義是一個隨時都在進行中的事實。

第 11 章

在腳下鋪條綠色的毯子

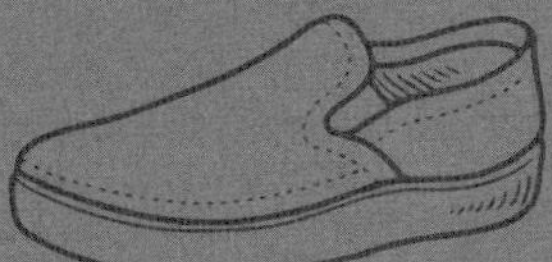

兩種自由學校

英國有一種學校叫「自由學校」（free school），它依據的自由學校制度出自於二〇一〇年的保守黨和自由民主黨的聯合內閣（事到如今許多人可能忘了，惡名昭彰的英國緊縮政府也包含自由民主黨在內）。在這個制度下，只要符合一定標準就可以自由開辦學校，政府會直接提供資金補助，不同於其他公立學校，自由學校可以不受地方政府管轄。最初設想建立學校的母集團是家長、教師團體、宗教團體、慈善組織和大學等。

不過，有「學院」（academy）型的學校開辦多所自由學校，現在被視為問題。補充說明一下，「學院」是由前首相東尼·布萊爾（Tony Blair）領導的工黨政府訂定的學校制度，根柢是一項由民間投入資金振興荒廢公立學校的計畫。不過，由於企業也可以贊助「學院」，被批評是公立學校的私有化（表面上到目前「學院」仍被歸為公立學校），由於私人贊助者的存在，學校可以自行決定教師的薪資、待遇，從而導致教育落差，或是有些學院經營相當多數學院的做法也被批評為公立學校的商業化，事到如今，「自由學校」跟學院也幾乎成了同義詞。

不過，還有一種跟這種二十一世紀新自由主義式「自由學校」截然不同的「自由學校」，是一種由二十世紀初無政府主義者建立的學校。在上一個世紀，「自由學校」是用來稱呼志在秉持「無政府集體主義」（anarcho-collectivism）精神自由運作，不受國家課程或階級制度操控的學校。

其中一所著名的學校是位於英格蘭薩福克郡的夏山學校。創始人亞歷山大．薩瑟蘭．尼爾（Alexander Sutherland Neill）出生於蘇格蘭，是一名教師的孩子，後來自己也成為教師，逐漸對學校教育抱持很大的疑慮，於一九二一年在德國德勒斯登開辦學校。幾年後他回到英國，在多塞特郡萊姆里吉斯一棟名為夏山的房舍開始辦學（據說第一批學生是五人），一九二七年將學校遷到薩福克郡現址。

他在德國德勒斯登開辦的學校，據說屬於一所叫做「薩德伯里」（Neue Schule）國際學校的一部分，不過不久他開始對學校整體經營方式心生不滿，在夏山學校官網中敘述的理由如下：

> 他感到經營這所學校的人是理想主義者（這些人認為香煙、狐步舞和電影都不是什麼好東西）而他希望孩子們能擁有自己的人生。

這段話讓我想起愛瑪．高德曼的名言：「我們不需要一場不能跳舞的革命。」事實上，尼爾提倡的理念會令人想稱之為「孩子幸福至上主義」，是一種進步的教育方法，至今仍有人認為激進，他對英國教育界的影響甚鉅。我取得保育員資格時提交的論文中，我多次引用了尼爾的著作，尼爾的「孩子幸福至上主義」可總結如下：

> 他的核心信念是，撫養孩子最優先該思考的課題是孩子的幸福，而幸福源於孩子內心個人自由的感覺。他認為成年後大部分心理障礙的原因都是童年時期覺得這種自由遭到剝奪、壓抑，導致體驗到種種不幸所致。

二一世紀英國政府想出的「自由學校」制度，其「自由」（free）虛有其名，並更接近經濟自由主義的「自由」（liberal），相比之下，尼爾無非只是試圖將「孩子的自由」置於教育的中心。

尼爾創辦的夏山學校，孩子甚至連出缺席都是自由的，不想來可以不必來。校規由孩子們一起討論、訂定，教師和孩子是平等的，每個人投票權都是一票。教師和學校不會制定規則、自上而下管束孩子，這種賦予孩子決策權的方式，與傳統學校教育「訓練孩子聽從大人指示」的主軸正好相反。尼爾的學校最初遭到激烈批判，認為會讓孩子變得懶惰且任性，並被視為只是一時流行、熱潮馬上會過去的學校。

不過，夏山學校的孩子卻反而證明了一個矛盾的事實，反權威式的教育反而使他們變得自律，也沒有降低他們的學習動機，特別在七〇年代，成為自由學校熱潮的代表性存在。

報告一九七三年夏山學校狀況的教育研究者堀真一郎在〈尼爾在教育史上的定位（三）：夏山學校的教育成果和若干問題點〉（《大阪市立大學家政學部紀要》第二十二卷）寫道：該校畢業生「從事所謂非技術性工的很少，多半從事所謂專業性工作」、「原本社會背景條件較差的人，在夏山學校求學期間或從夏山畢業後，努力升學的案例也不少。」

堀真一郎在前述文章中指出，讓孩子就讀夏山學校這種採用另類教育（alternative education）私校的家長，有不少是中產階級或高學歷菁英分子，家庭環境良好的孩子從事需要高度智力專業的比例較高。此外，跟這種家庭的孩子一起讀書的「社會背景條件較差的人」，在環境薰陶下選擇升學也是很自然的。

就像瑪麗亞・蒙特梭利（Maria Montessori）[70]的教育方式，原本是在羅馬為貧困兒童設立的學校，如今已成為世界菁英的小孩學校的教育方式，無政府主義者的教育方式或許也走上同樣的一條路。截至一九三五年前後為止，夏山學校接收了許多有情緒障礙的孩子，實際上也展現了不錯的成果。不過，現在幾乎所有的孩子，入學是因為他們的父母對學校的另類教

70　義大利醫生和教育家。

育方針產生共鳴，而不是因為孩子有殘疾，難以進入當地公立學校。再補充一點，二〇〇八年，英國廣播公司旗下的兒童頻道（CBBC）播出了以夏山學校為背景的電視劇《夏山》，成為熱門話題。

民主主義式教育的實踐

英國《衛報》（二〇一三年一月三十一日）有一篇文章標題是〈現代自由學校應多向無政府主義者的教育看齊〉，該文章為在倫敦蓋斯沃克（Gasworks）畫廊舉辦的「逃學」（Playing Truant）展介紹。儼然成為英國現代新自由主義公立學校代名詞的「自由學校」，以及秉持無政府主義者教育理念運作的「自由學校」，據說這個展覽試圖透過影像及裝置藝術凸顯兩者間的對比，藉此對公共教育的角色提出質疑。

該展覽策展人是這樣對《衛報》介紹以無政府主義理念營運的學校：「當意見分歧或有人發怒時，學生就會立即進行投票，不知為何自然而然他們就開始如此反應，他們會針對事件進行討論，發生爭吵、或意見對立時，他們不會只是等它沉靜下來，而是隨時保有解決紛爭的心態。」

這句話讓我想起了大衛．格雷伯，他說無政府主義和民主主義之間大致可以劃上等號，民主的實踐就在於讓抱持不同想法、不同信條的人匯聚一堂，不斷討論，設法找出交集、解決問題。也就是說，無政府主義者的學校忠實落實了這一點。該策展人還說：「他們被要求洗碗、清理環境及照顧其他孩子。這是一種生活訓練，另外，他們會設置公開討論的環境，大家一同解決團體中的紛爭，並不是只靠教師做出決策。他們學習的不是在考試中取得好成績，而是靠自己思考、做出決定。」

前面提到的夏山學校創始人尼爾說，自己學校成功的標準不是有多少畢業生進了哪所大學、或從事什麼職業，而是學生的幸福、達到良好平衡的心境、自律性及生存意欲。一九七〇年代造訪該校的堀真一郎問畢業生：「尼爾說『我的人生成功的基準是懷著喜悦心情活著的那種幸福。』請問以這個定義，你的生活幸福嗎？」結果有百分之六十四以上的受訪者回答：「我的生活幸福，而且那是拜曾待過夏山所賜。」而沒有任何人回答：「我現在生活不幸福，是因為我讀過夏山。」

查閱夏山學校的 OFSTED（英國教育標準局）最近（二〇一一年）評鑑報告，「學生的精神、道德、社會和文化面發展」和「學生的幸福、健康和安全」兩項被評為「優秀」課程及學業成績等學業部分止於「良好」，但孩子的幸福感和精神面的成長領域表現突出。報告書中記載「學校的核心是學校民主主義式的管理方式。」、「學生對於自己的生活方式培養出明確的價值觀，可以清楚觀察到寬容與和諧的氛圍。」甚至有學生告訴評鑑委員：「我太喜歡學校了，因為在這裡我可以做我自己。」

學校可以成為一個讓孩子這麼快樂的地方，雖然有點令人難以置信，不過他們在這樣的環境中學習，畢業後進入現實社會時，不會很痛苦嗎？就算在學校這個隔絕的狹小環境中可以經營出一個烏托邦，但在廣闊無垠的現實世界中卻是另一回事。

但是，根據前述堀真一郎以畢業生為對象的調查，在夏山生活到十五、十六歲（初中畢業年齡）的人中，有百分之五十九的人回答畢業後完全沒有困難；加上表示雖然有點困難不過馬上就解決了的人，佔了全體的百分之九十三。即使從跟現實世界相距甚遠的學校畢業，大家似乎都能相當靈活地適應現實環境。

順帶一提，哲學家伯特蘭．羅素（Bertrand Russell）於一九二五年在尼爾的夏山學校度過了大約一週，受到校風啓發，與他的妻子朵拉開辦了「皮肯．希爾學校」（Beacon Hill School），之後，尼爾也二度參訪該校。

關於自己和羅素的區別，尼爾說自己是一個「實踐者」，而羅素則是一位「思索者」；自己是根據直覺行事，之後再將其理論化，而羅素重視的是知性。他在接受採訪時說：「我曾經在一個星光燦爛的夜晚和他一起步行至萊姆里吉斯的電影院。我跟他說：『羅素，如果我們現在和一個男孩在一起，我應該會讓他一個人靜靜思考，而你大概會講授星星給他聽吧。』」

無政府主義不會疏忽

初聽見「無政府主義者的教育」，有人會傾向於認為是放任孩子們處於要做什麼都可以的混亂局面。首先，有很多人抱持的印象會認為無政府主義者去「教導、引導」孩子不是很奇怪嗎？要大家自由自在生活的無政府主義者應該會厭惡迴避教育理論。

其實，與這種印象相反，無政府主義者對教育相當挑剔。

例如，馬克斯・施蒂納在《我們教育的錯誤原則：或人文主義與現實主義》（*The False Principle of Our Education: or, Humanism and Realism*）中寫道：「學校的問題就是人生的問題」。在這篇文章中，施蒂納討論了「人文主義式教育」和「現實主義式教育」，並對兩者進行了嚴厲的批判。

僅以「獲取知識」為目的的形式化人文主義式教育已經過時，今後需要的是能在日常生活中運用知識的實用性學習，在這樣的思維中，大家開始高聲呼喊的就是現實主義式的教育。不過，對施蒂納而言，兩者都缺乏了最重要的東西。

施蒂納闡述，這兩種主義同樣不過是傳授「無意志的知識」（will-less knowledge）給孩子。一般的學校教育不該是為了服從而教育，而是為了自由而教育，必須是為了讓他們自由，也就是為了獲得真正生活的教育。現實主義者陣營應該已經意識到人文主義式的教育缺乏活力、感受到教育改革的必要性，但施蒂納主張，單憑將實用性帶入教育是不夠的。他寫道：

「不過，即使是實用性的教育，也與重視個人與自由的教育相去甚遠。前者賦予你生存的技能，而後者賦予你激發出內在生命光輝的力量。（中略）我們光是成為對社會有用的成員是不夠的，如果我們是自由的人，創造自我的人，就能做得更完美。」

施蒂納的「利己主義者聯盟」思想，在教育理論中，同樣扮演了紮實粗壯的軸心角色，貫穿其中。施蒂納說，不能僅僅傳授人在社會中找到自己的位置並發揮作用的技能，因為他相信我們必須賦予孩子們激發自己生命火花的力量（用大杉榮式的表現方式就是「生之擴充」。）

如果有更多人能激發出內在生命的光輝，那麼社會和諧就能輕易實現，這樣的主張跟愛瑪．高德曼「個人是心臟，社會是肺」的思想相通。先決是賦予心臟（人）生命，肺（社會）的角色是分配所需成分，使心臟（人）充滿活力地持續鼓動。因此，施蒂納認為教育首先應教導：不是「心臟為了肺而存在」，而是「肺為了心臟而存在」這個基本原理。

淺顯地說，也就是人的群體（國家、社會、組織、企業、學校等）必須是為了個人生存而存在的地方，如果世界變成一個個人為了群體生存而存在的地方，就會不再和諧、出現各種扭曲、無法正常發揮作用。就好像一個組織或社會，如果試圖將所有成員變成服從的奴隸，將會失去創造力並逐漸衰敗。

這就是為什麼彼得·克魯泡特金强烈主張教育不應生產出僅提供勞動的奴隸。在〈腦力勞動與體力勞動〉（Brain Work and Manual Work）中，克魯泡特金主張，明確區分「從事腦力勞動者」和「從事體力勞動者」的教育方式是錯誤的。克魯泡特金並不是從人道主義的角度提出這個論點，像是如此會萌生社會的階級和分化，或是只有一部分孩子能夠接受高等教育是不公平的之類。他的主張是，區分腦力勞動者與非技術性工人，會阻礙科學、技術和藝術的進步、使其停滯。

「腦力勞動與體力勞動」是從這樣的文章起頭的：

> 在古代，眾科學家，尤其是那些促使自然哲學方面躍進最多的那些科學家，從不排斥做純粹勞動或手工勞動。伽利略親手製造了望遠鏡，牛頓在少年時期就學會了使用工具的技術，年輕時發明了各種獨創的機械，到了開始研究光學時，也能夠親手磨製自己使用的儀器的玻璃，才創造了著名的牛頓望遠鏡。這在當時是一件工藝技術精湛的作品。

克魯泡特金感嘆，只不過我們已經徹底改變了這種科學進步的方式。人類開始明確區分腦力勞動和純粹肉體勞動，因此，幾乎所有工人都不再接受他們祖父世代所接受的科學教育，甚至連原本小規模工廠會教的都沒機會學，從小就開始在煤礦和工廠工作。相反地，眾科學家則開始認為發明是用某人製造的器具來進行的事，並開始鄙視肉體勞動和手工藝。克魯泡特金寫道：

「所謂的科學家」他們說「你必須發現自然的法則，由技師將它們付諸實踐、他們製作的藍圖，再由工人們用鋼鐵、木材、鐵和石材建造。工人們工作時使用為他們而發明的機器，但這些機器不是他們自己發明的。他們不懂機器或不知如何改進機器也沒關係。科學和工業進步的責任就交給科學家和技師。」

就連分配給工人的工作分工也越來越細，專業化的結果是「你負責的是這部分，其他你不必懂。」不過，克魯泡特金寫道，一旦演變到這個地步，發明精神（用現代術語來說就是創新精神）就會在這個產業中消失，因為專業化縮小了工人的視野，剝奪了他們對知識的關注和創意。另一方面，在一個被書架包圍的書房裡遠離俗世、置身事外從事研究的科學家，也無法想出能改變世俗大眾生活的劃時代發明。

克魯泡特金說「結合」是必須的，他相信我們必須培育結合「科學知識」和「手工知識」的人，他主張需要「綜合教育」。克魯泡特金說明，這樣做「有益於科學、工業和整個社會」，並且「所有人，無論其出身為何，我們都必須確保他們接受的教育能讓他們靠自己結合深厚的科學知識與深厚的手工知識。」克魯泡特金稱這種教育為「完整的教育」。克魯泡特金相信，結合大腦和身體多方面能力的人，這種整體性才算「完整」，不如此培育，學問、工業和社會整體都將蒙受損失。

比克魯泡特金早一年出生的無政府主義者米哈伊爾・巴枯寧（Mikhaiakunin）在〈教育機會均等〉（Equal Opportunity in Education）中，以政治理念的角度針對當時的教育提出批判，表示只要資產階級和工人階級接受的教育有落差，階級不平等就無法消弭；而克魯泡特金則主張為了科學技術的進步，同時也為了全人類，重新生產出階級的教育是不可行的。

愛瑪・高德曼也在〈現代學校的社會重要性〉（The Social Importance of the Modern School）中提到當時的教育問題。愛瑪說學校已經變成一個「像是對囚犯而言的監獄、對士兵而言的軍營」的場所，一個「被用來粉碎孩子們的意志，把這些粉末攪和揉捏，再重新製成跟原來完全不同東西」的場所。艾瑪寫道：但是，教育必須培養孩子的內在力量和個人特質，培育自由的個人終將帶來自由的共同體。

她也提到性教育，批判「在性的四周築起的清教徒式高牆」，並指出「如果在童年時就有人教導他們美好的友誼關係，就能中和男女都對性抱持過度興趣的情況。」

就像這樣，無政府主義者一直在積極思考、談論教育。自由放任和放棄教養是不同的，無政府主義不會疏忽[71]。

我想這似乎也跟一般大眾心目中對無政府主義者在經濟方面的形象相似。大家誤解了，認為託付給個人自由的無政府主義者，在經濟本質上不就是自由放任主義（laissez-faire）嗎？我想就是這種誤解引發「無政府主義與新自由主義彼此水乳交融」的奇妙偏見。

但自由放任主義標榜的是市場的自由，而不是人的自由。施蒂納將操控人類的祖國、神和宗教等稱為「幽靈」，而在現代，市場及資本主義體系已化作最強大的「幽靈」，操控著人類。無政府主義將人類置於體系和市場之上，將人類貶為奴隸的經濟，無論再怎麼繁榮都是本末倒置。

培育同理心的課程

到目前為止，我談及無政府主義式教育至今仍在夏山學校等地方進行原義上的「自由學校」，且有一些跡象顯示這樣的教育再度獲得肯定。那麼同理心呢？在這系列連載的開頭，我介紹了我兒子在英國的公立中學，他們教授同理心的重要性，還出了一道申論題「什麼是同理心？」不過，套用克魯泡特金式的說法，這是一種試圖讓人用「大腦」理解的教育，而不是賦予大家具有「實質肉體」知識的教育。

有一項加強這部分教育的計畫，目前相當受到矚目，叫做「同理心之根」（Roots of Empathy, ROE），該計畫於一九九六年由加拿大教育家和社會企業家瑪莉·高登（Mary Gordon）在多倫多發起，之後傳播到世界各地，英國也有一些學校導入。事實上，據說在倫敦的路易森（Lewisham）區有二十九所小學正在進行這個計畫。路易森在英格蘭貧困率前百分之二十高的行政區榜上有名，也以其高失業率聞名，因謀殺和暴力犯罪事件很多，曾被選為英格蘭和威爾斯「最不安寧的區」。這樣的地區似乎比富裕和平地區更積極導入「同理心之根」。已有相當多國家引進這個計畫，包括紐西蘭、愛爾蘭、美國、德國、挪威、瑞士、荷蘭、哥斯大黎加和韓國等，報告顯示，導入該計畫的學校，霸凌和暴力行為明顯減少，顯現關心他人、主動分享事物等親社會態度的孩童增多。

「同理心之根」計畫以「從嬰兒身上學習同理心」聞名。計畫開始時，二至四個月大的嬰兒和他們的父母每三到四週來教室一次，共九次，計畫安排就以他們的造訪為中心。結束

71 此處指「有責任照顧兒童及少年者，本人或准許他人不加注意或忽略兒少的基本需求。」《兒少虐待及疏忽 醫事人員工作手冊》國家衛生研究院。

時，嬰兒會是一歲左右。聽說，來到教室的嬰兒被稱為「小小老師」（Tiny Teacher），孩子們跟嬰兒交流、透過觀察嬰兒的反應、情緒表達和實際的成長，培養同理心。嬰兒和他們的父母是學校當地的居民中有意願參與該計畫的志願者。

「嬰兒和父母之間的愛有一些非常吸引人的特質，而人的同理心可以藉由親子之間的依戀及和諧培育出來，所以我想帶這些『小小老師們』來應該可行。」

「那原本只是一種直覺，靈機一動想出的方法，不過現在已經有科學證據能證明其影響。」高登在二〇一〇年十二月十日接受有線電視新聞網（CNN）採訪時如此表示。

她說，意識到同理心教育的必要性是在她在當幼稚園老師的時候。在目睹虐待和疏忽的世代間轉移之後，我確信為了截斷這個連鎖，學校必須教導學生同理心是人生一大關鍵這件事。於是我首先為五到十三歲的孩子啓動同理心之根計畫。現在我們還有一個針對學齡前兒童（三至五歲）的計畫，名為「同理心之種子」。這也是嬰兒和父母到幼托機構與幼兒互動的計畫。

不過，雖然現在少子化，還是很多孩子有妹妹或弟弟，也有些孩子經常有機會看到親戚家小孩和父母互動，沒見過嬰兒和父母溝通的孩子應佔少數，我個人對於「天真無邪的嬰兒具有神奇魔力」這個理論有點存疑。畢竟我自己也當過教保員，冬天感冒一流行起來，很多嬰兒會請假，有時候會把年齡大一點的班級跟嬰兒班級合併照顧，不過就算旁邊有個嬰兒爬來爬去，也沒見過哪個粗暴的幼兒因此變得溫柔體貼。

我個人認為這個計畫的關鍵或許是大家一起討論嬰兒的部分，計畫中，會在教室中央鋪一條綠色的毯子，把嬰兒放上去，然後讓孩子們圍著毛毯坐下。然後，講師會給嬰兒一個玩具，一邊讓嬰兒玩，一邊問孩子們問題，例如：「嬰兒現在很不耐煩，因為搆不到玩具。什麼時候你們會覺得不耐煩或生氣？」孩子們就會回想自己生氣時候的事，然後想像不會講話的嬰兒此刻的情緒。在學校生活中，我們還有其他像這樣思考、並且跟同學討論的機會嗎？

教師都學過，觀點取替在教育現場是一種非常重要的方法。可惜很多時候，它被用來當作罵人台詞的一部分，像是「你有沒有想過，你這樣做某某某會有什麼感覺？」光是被大人斥責就夠緊張了，在這樣的壓力之下，孩子不可能放鬆去想像別人的情緒，所以對小孩（或者長大後也依舊）來說，就會深深在心裡留下一個刻印：「站在某某某的立場想想看」這種觀點取替是充滿說教意味的東西，非常令人厭倦。

別在這種情境下，如果我們安排孩子在安靜、無壓力的環境中想像他人的感受、並與周遭的同學自由討論，他們就可以將觀點取替作為一種技能來學習。有趣的是，據說許多老師會把最難的科目安排在嬰兒來訪之後教授，他們說在經歷放鬆坦誠的討論之後，孩子們的理解能力會提高。

同理心是民主主義的根基

前述計畫的創始人瑪莉・高登在接受《開放民主網》（openDemocracy，二〇一三年九月五日）採訪時說：

神經科學家說過——人際關係在學習中具有影響力。在「同理心之根」課程中，所有孩子都會和嬰兒、他們的父母、講師及其他學生互動。這整個計畫都是為了要與他人互動。既不是為了反覆記憶資訊，也不是為了伏案學習，一切都是為了建立關係。

觀看這個節目的影片，讓我想起了坂上香導演的《監獄圈》。在日本島根縣一所監獄舉行的TC中，受刑人坐在圍成一圈的椅子上互相傾訴的樣子，和孩子們圍繞著在綠色毯子上或坐或躺坐的身影相互交疊。

在監獄的TC中也是，受刑人互相傾訴自己的經歷和想法，有時也會透過角色扮演實踐觀點取替，訓練自己用語言表達自己的感受，藉此培養想像力，能夠想像其他人也有情感、想像其他人的感覺。另一邊則是小學教室裡圍坐在綠毯子四周的孩子們，講師問他們「你覺得寶寶現在是什麼心情？」、「為什麼他會有這種心情？」等問題，孩子們與周圍的同學談彼此的感受。雙方都在學習用語言表達人類的情感、並以此跟其他人進行溝通，在這一點上是完全相同的。

更有趣的是創始人高登的話。

在某種層面上，同理心之根是試圖在教室裡孩子們圍著的綠色毯子之上，建立參與式民主。

我想起格雷伯的話：「民主現在看來正在逐漸回歸它當初誕生的地方。」（《論民主主義非源自西方》）他說：重要的是，一般人可以聚集在研議的場合、坐下來，能夠靠自己解決自己的問題（比起那些在決策受到武力保護情況下試圖解決問題的那些菁英毫不遜色）或者，就算沒能解決，他們依然有權利嘗試，我們由衷如此相信。

在「同理心之根」，孩子們圍坐在一條綠色毯子旁，針對同理心這個人類最重要的課題之一，進行討論，並試圖用自己的頭腦來思考，大人們必須由衷相信孩子有試試看的權利。

這個計畫的對像群體還有敘利亞難民兒童、家庭有問題的兒童以及經歷過家暴等暴力行為的兒童等，不僅在學校，在上述群體中也同樣見效，這顯示了一個事實：在任何實踐民主主義（即無政府主義）的空間，不管是什麼樣的場所，都可以很容易培養同理心。而且，缺乏考慮他人立場、感受的同理心，就不可能與形形色色的人共同生活的「眾人之間的空間」

中建立民主（即無政府主義）。民主主義、無政府主義和同理心密切相關。應該可以說，它們是一體的。

瑪莉．高登說，在這些地方，形成了一種相互包容的氛圍，培養出孩子的自尊，因為每個人都變得對於自己說的是對的還是錯的，可以不再那麼耿耿於懷。在沒有競爭的地方，孩子們學會了暢所欲言，不用擔心丟臉，所以孩子會積極參與討論，發表自己的意見。進行同理心之根後，即使遇到困難科目的課程，孩子的理解力之所以會提高，可能源於這種自發參與態度的延續。在批評孩子們不再獨立思考或表達自己的意見之前，我們成年人必須想想看：我們是否提供了無政府狀態且具同理心的空間，讓他們願意開口說話？

然而，在現今學校裡，重視的是應付考試和升學的知識，而像同理心這樣的「軟技能」卻被忽視了。關於這一點，高登說：「我很想問問教育的目的是什麼。如果目的是培養只會對國家GDP有貢獻的公民，那只要把重點放在『硬技能』就可以實現。但是，超越人人經濟貢獻之外的、其餘部分的公民身分是什麼？社會的靈魂是什麼？定義教育成功的標準何在？教導孩子如何閱讀，跟教導他們如何與他人相處同樣重要。」

高登主張人類不僅要在社會中發揮作用，而且個人也必須幸福，因為人人的心理健康是全社會順利運作、繁榮壯大的重要基礎。如果我們無法想像自己行為對他人的影響，我們就會毫不在乎地傷害彼此，危害彼此的心理健康。不僅如此，如果我們無法想像我們不採取的行動（面對不公正視若無睹、面對種族主義不抗議、資源不回收）會對他人產生的影響，也會因為什麼都不做而傷害他人。只要學會運用同理心，（無法克制欲望、想刻意傷害他人的人另當別論）一般通常會去關照他人，不太會去傷害他人。高登認為，沒有這種同理心的能力，社會就無法成為一個負責的共同體、發揮作用。

即使我們有解決環境問題的科學，如果我們不關心最遠端那些從未見過或不知道的人，就會失去活用那項科學的動力。當我們停止回應他人的需求時，我們的民主主義就會變得不健全、不公平、不是人人參與的事務，無論是課堂層面還是國家層面皆然。

最終，不可思議的是，她的話聽起就像克魯泡特金的「完整的教育」概念。一個結合了大腦和身體、多面向的人類整體。不是一部分，而是整個人，最終，我們得出一個理所當然的結論，教育應該是一個培養「完整的人」的場所，問題是，現今的教育實現這個理所當然了嗎？

「就是說嘛。」、「我們國家的教育完全不行。」在如此嘆氣之前，也許我們大人首先需要做的，可能是在我們的腳邊鋪上一條綠色毯子、開始啓動民主。

民主主義始於家庭

正如有句話說：「民主主義始於家庭」（Democracy begins at home.），一般認為民主主義的實踐應從家庭內開始，教育孩子民主主義的態度跟必須的技能越早越好。

例如，我們可以想想看，從今天要吃什麼菜、到家庭旅遊要去哪裡，是否都是由父母確定一切，由上往下傳達的？雖然不是家中所有決定都要參考孩子的意見（問小孩應該向銀行還是公家住宅補助機構貸款，小孩也會很困擾吧），我以前工作的免費托兒所（補充一下，那邊有許多員工是無政府主義者）負責人總是說，應該儘可能讓孩子參與決策，討論後一起決定，越多越好。所有家庭成員參與討論，決定叫哪一家外送，或是週末去哪裡玩。提出自己的要求、聽取他人的主張、可以接受的點就讓步。一起設法找出結論，在爭論和妥協當中，孩子就會習慣落實民主主義。

我手上有一本列有兒童保育指南的手冊，叫做《早期基礎階段實踐指南》（*Practice Guidance for the Early Years Foundation Stage*），由英國教育部（當時稱為兒童、學校暨家庭部）出版（二〇〇八年五月版），其中記錄了一個從零歲幼兒開始的課程，在三歲四個月到五歲前的學習目標之一是「展現為自己的權利站出來的自信與能力」，並且，教保員日常必須做到「當孩子們抗議不公平」時，要對此表示敬意並且安排時間聆聽，與他們一起找出最適合狀況的解決方法，這是在家裡也可以做到的。

不是由大人做決定「那就這樣做好了」，而是問他們「怎麼做這個問題才會解決呢」，一定要讓孩子去思考解決對策。如果孩子什麼都想不出來，就從讓他們選「那，這樣做跟這樣做，你覺得哪個比較好？」的方式切入，只要有耐心持續下去，不管再小的孩子，不久都會開始想出一些提案來（不管孩子的提案多麼異想天開都不能笑，要尊重他們，平靜指出「可是那樣做的話會發生這樣的問題對嗎？」然後請他們再想想看。）

另外，這也是我到英國來以後感到訝異的事之一，英國人在晚餐餐桌上談論政治或社會時事問題時，不會把小孩排除在外。「這是我的看法」、「你說的應該不對吧？」中小學的孩子也會跟父母對等交換意見，這件事也永不嫌早。曾有日本人說：「那樣一點都不像小孩」，不過這就是把「我希望小孩這樣這樣」這種大人的喜好由上而下強加於孩子身上，其實孩子本身從很小的時候就開始對世界充滿好奇心、想去理解。只要別錯過那個時期，大人不要打馬虎眼表現出那些事你還不必知道的態度，孩子就會發展成一個用自己的腦袋思考政治或社會議題、能明確表達自己意見的人。不需要做什麼特別的事，只要平時大家一起發言、討論就可以了，這就已經是在為參加民主主義做準備。

職場中也可以鋪上一張參與型民主主義的毯子。例如，我知道有一本書的做法很特別，原本決定權總是在作者、編輯、業務負責人、責任行銷身上，由上而下執行裝訂、廣告文案等，然後交給下游相關人員執行，他們決定要像一個大家庭一樣一起思考，把公司裡上上下下的人都捲進來（從接待人員到社長祕書），還讓賣場負責販售書籍的書店店員也都有發言權，凡事大家一起討論、做決定，結果成了暢銷書。這種「橫向」的經營方式，往往會給「縱向」方式行之有年導致僵化的業界或組織注入新鮮的活力。這不僅適用於商品銷售，也適合應用在組織設計、工作方式和規則上。如果下層的事讓下層自己決定、自己管理，而不是等高層決定後下達。比起不了解第一線情況的人做的決策，第一線的人可以提出更貼合眼前狀況的點子，往往可以達到很好的效果。這種每個部門橫向並存，各自自由運作的無政府主義願景，伊藤野枝將其比喻為一台縫紉機。

越是複雜的機械，人就越傾向於認為一定有一個中心部分負責指揮全體，事實上，各部分有他們自己的特質，執行自己的任務，相接的兩個部分會相互作用，不過並不會越級去涉入其他部分。各自忠實執行本分以及一張聯絡網，連結分別在各處進行、各司其職的部分，而將它們全部集合起來，就會讓全體發揮完整的功效，伊藤野枝在使用縫紉機時發現了這個道理。她由此親身感受到無政府主義的本質，表示：「我始終認為人類群體的理想也必須朝這個方向前進。」。這樣想來，正如伊藤野枝所言，我們很容易看出父權制如何跟無政府主義與民主主義背道而馳，中心是不需要的。

大家在思考無政府狀態時，很容易與暴力和無法律狀態聯想在一起。不過，它原本的定義是自由的個人自由地合作，對現狀隨時保持質疑態度，並共同尋找改善現狀的方法。無論規模大小，當組織不再為其成員運作，允許來自下層任何人自由地質疑、自由地拆除和改造的這種心態才是「無政府狀態」。

如此想來，在已經停止運作的地方，缺乏歡樂與活力的組織，正在衰退的國家，更需要「無政府狀態」的心態。大家抱持這種心態，圍著一條綠毯子交換意見，思考「跟眼前不同的狀況」時不可或缺的技能，無非名為同理心的想像力。

後記

為了「穿上別人的鞋」而踏上的旅程，最後以「在腳邊鋪上一條毯子，開啓民主主義」終結。並不是我有戀足癖，不過回顧自己常用的「草根」[72]一詞，也會發現我似乎有種習性，總會回到人立足的腳邊。

來吧，最後，我想針對一個錯過的問題寫下回應，因為我還沒回答到本書編輯山本浩貴先生提出的問題。

他的問題是：「我們該如何看待動用同理心『範圍』的道德問題？」他希望我回答這個疑問：「綁架案加害人、家暴加害人是一定想問的，此外還有對於病態殺人犯、性犯罪者、戀童癖、種族主義者、厭女症……等，說到底，我們該發揮同理心嗎？」最近，有些有識之士對「多元化時代的陷阱」敲起警鐘，因為有人批判去「尊重」例如種族主義者等人想法會是錯的。山本先生建議是否該寫一下關於同理心的涵蓋對象，在道德面上是否應劃清界線。

對此，我首先想到的是，「尊重」種族主義者應該並不是同理心。有些想法或行為，即使我們穿上別人的鞋依舊無法萌生尊重的意願。施展同理心的一方，如果本身內部有一根無政府主義軸心貫穿，清楚「我是我，我有我自己的人生」，就不會發生尼采所謂的「自我迷失」

現象，那麼，面對任何想法應該都不會抱持「面對神佛的那種尊崇」的心情。首先，講的不是情緒性同理（共感），而是認知性同理（想像自己站在對方的立場）的話（我在本書大部分篇幅中談的一直都是後者），穿上別人的鞋其目的並不是要叫你萌生共感、共鳴，就絕對有可能在想像對方立場（施展同理心）之後反而更加厭惡。

不過，即使如此，只要試穿上某一個人的鞋，也就是，試著想像為何對方做出自己無法原諒的事，有問題的發言究竟因何而生，或許今後思考如何防止那些行為增多，或是怎麼做才能多少改變那個人的想法的時候，會成為寶貴的參考素材。不好好做到這一點，只是用同樣的方式一再批判（例如沒完沒了反覆把證明對方錯了的數據塞到對方眼前），不會有什麼值得期待的效果，這一點活在這個時代的人應該都察覺到了，不是嗎？

此外，若需為認知性同理劃出道德界限，對從事寫作的人而言會是一個相當困擾的問題，因為那就表示就算今後出現了杜斯妥也夫斯基（Fyodor Dostoyevsky）[73]這樣的作家，也不容許他寫拉斯柯爾尼科夫（Rodion Romanovich Raskolnikov）[74]了；而非虛構的作品，針對思想危險

72 原文為「地べた」，指土的表面、地表。

73 俄國作家、小說家，他在二十歲左右就開始寫作，第一本長篇小說《窮人》在一八四六年出版，當時二十五歲。重要作品有《罪與罰》、《白痴》以及《卡拉馬助夫兄弟》。

74 《罪與罰》的主角，書中描述了他的精神痛苦和道德困境。

或性格偏差的人，則像是「最好不要寫得太深入，寫成一個淺薄的邪惡人物就好」這種要求就會四處橫行，最後世界上只剩下沒有深度的作品。

此外，如果認知性同理劃出道德界限比較好，那麼，為什麼一直以來，在刑事審判中，無論被告是連環殺手還是虐待兒童的人，都會請情狀證人[75]（例如近親、雇主等）出庭作證，詳細說明被告的成長背景、際遇等呢？當然，應該也有出自宗教、道德的考量，例如憎恨罪惡而不憎恨人、或是人類有贖罪和更生的可能。不過，還有更重要的事：「因為人類經常犯錯。」

要人去審判、制裁他人，本來就是個荒誕的設定，既然下判斷的是經常犯錯的生物，那麼，「我們大家還是盡可能多了解一下別人再下判斷吧」。

雖然不是像法院那樣需要做出影響一個人一輩子（在某些國家甚至攸關一個人生死）的重大決定，其實我們在日常生活中每天都在評斷他人。在英文中，「judge」（法官、審判）一詞也用作動詞，平時也可以聽到諸如「不要評斷我」（Don't judge me.）之類的表現（青少年常對大人說的一句話）。每天擅自判定別人是「好人」、「壞人」、「對」或「錯」，像呼吸一樣自然。人類是一種明明常犯錯，卻喜歡評斷他人的生物，那我們至少應該做點努力，讓自己不要犯下太大的錯誤。

此外，如果對任何人都使用同理心，是「多元化時代的陷阱」，假設我們應該界劃出道德界限來限制其覆蓋範圍，這種思維的根柢應該存在一個前提，就是想防止世界陷入混亂。

不過，傷腦筋的是，事實上無政府主義者並不排斥混亂。

大衛．格雷伯在與托馬斯．賽德拉切克（Tomas Sedlacek）的對談書《改革還是革命：關於人類、經濟與制度的對話》（*Revolution oder Evolution: Das Ende des Kapitalismus?*）中，賽德拉切克表示「混亂非常危險」、「往往會導致非常危險的狀況」，對此，格雷伯回覆如下：

> 我想說的是，在某種層面上，混亂之際威脅我們的弊害，比起胡亂訂定的社會自然體系是有限的。例如，如果我在某個地方講授無政府狀態，有人會提出這樣的問題：「那病態人格怎麼辦？在無政府狀態下，病態人格帶來的危險要怎麼辦？」我會委婉回答如下：「至少病態人格不會領帶領軍隊吧？」坦白說，個人造成的傷害極為有限。

格雷伯之所以說混亂勝於已經劃定各種界限的社會的自然體系，是因為他相信民主主義（＝幾乎等同無政府主義），這一點，跟他認為今後人類需要什麼有密切的關聯，他說

75　原文此處為「情狀証人」，請來出庭作證，敘述被告的個性、生活情況、今後如何監督被告改過自新等，以減輕被告人刑罰的證人。臺灣沒有對等的制度，一律稱為證人。

的話，與無政府主義者向來的形象截然不同。他說，接下來對人類而言重要的是「穩當」（reasonableness）。「reasonableness」一詞有「講道理的」、「明智」和「不極端」等意思。格雷伯大大方方地用了無政府主義者最不可能說的話。他對這個詞的解釋如下：

> 什麼叫穩當？穩當是一種從無法約分的價值之間找出交集的能力，對，這裡包含了同理心及理解，不僅如此，還包含了接納即使有我們無法理解的事，也終歸得列入考量的這件事。

格雷伯還表示，重要的「不是合理性而是穩當」。「審判」他人，並予以排除，以創造一個有序的社會而言應該極為合理。但是，這不同於格雷伯所說的「穩當」。他說，我們其實反而應該不畏多元這種「混沌」（chaos），穿上我們自己的鞋，在其中邁開步伐；偶爾脫下自己的鞋，換上別人的鞋，藉此察覺自己的無知，獲得前所未有的視角，在腳邊鋪上毯子和別人討論，在每個當下，從困難中找出交集，繼續前行。格雷伯認為「穩當」唯有靠日常的實踐才能滋長茁壯，它不是可以在大型體系中一聲令下就自動運作起來的東西。「接納即使有我們無法理解的事，也終歸必須列入考量的這件事。」

格雷伯說，連同這個階段都囊括進去，才算是完整的「穩當」。那麼，這就不會是多元化時代展現的陷阱。我聽起來，不如說那是一種為了勇敢直視眼前廣大混沌、繼續前行的睿智，是一種決心。

國家圖書館出版品預行編目（CIP） 資料

穿別人的鞋：同理心指南，消弭分裂，懂得聆聽，成就更有包容力的自己 / 美佳子．布雷迪著；邵嗣芬譯．-- 初版．-- 臺北市：英屬蓋曼群島商網路與書股份有限公司臺灣分公司出版：大塊文化出版股份有限公司發行，2023.08
272 面；14.8×21. -- (FOR2 ; NF064)
譯自：他者の靴を履く：アナーキック・エンパシーのすすめ
ISBN 978-626-7063-41-5（平裝）

1.CST: 同理心

176.525 112010672